岩田雅彦

あぶない英語

GS
幻冬舎新書
581

はじめに

「教養が大事だ」という言葉を、よく聞くようになりました。それは、誰もがＳＮＳによって情報発信できるようになったことと、大いに関係があるでしょう。設定によって誤字脱字が自動修正されたり、注意喚起の下線が出てくるので、校正はなんとかなります。しかし、肝心の校閲は誰もしてくれません。したがって、本人の教養がそのまま表に出てしまいます。

教養の定義は非常に難しいのですが、歴史、倫理、社会、ビジネスなどの幅広い知識を持ち、それらを適切に運用できる能力、そして自分の発する言葉の重みを自覚したうえで、どのような反響があるかを予測し、振る舞える能力、といえるかもしれません。

たとえば、歴史的事実であっても、自身の置かれている状況や立場によって、言及することが適切か否か、さらに発言の反響を引き受けられるか否かを判断して、投稿しなければならないということです。もちろん、高度な語学力を持ち合わせていても、またＡＩを使って正確に翻訳できたとしても、教養が欠落していたら、その発言は問題になる可能性があります。軽い気持ちで不用意な発言をしたものが、後に大きな問題に発展した例は枚挙にいとまがありません。誰もが気軽にSNSで情報発信できる時代だからこそ、教養を身につける必要があるのです。

私は大学で英語を教え、大学一般教養教科書の執筆もしています。その傍ら、会社を経営しています。海外に商談に行く機会も少なくありません。

現状、ビジネスにおいて英語はほぼ必須といってよいでしょう。貿易書類はほぼ英語ですし、契約までのやりとりもほぼ英語です。少なくとも私のかかわっている海外諸国においては、非英語圏であっても英語でやりとりをしています。しかし、英語ができるからといって商談がまとまるわけではありません。意外にも人は合理的な判断をしないため、好き嫌いであるとか、誰かの紹介であることを重視することが少なくありません。英語力そのものではなく、教養を含めたコミュニケーション能力によるところが大きいといえます。

平たくいえば人に好かれること、信頼されることが大切なのですが、なかなか思うようにはいかないものです。そこで、私は教養を身につけ、できる限り相手に嫌われないよう想像力を働かせ、英会話することを心がけています。また、危険地域に行くこともあるので、危機管理は徹底しています。私は大学で英語を教えており、全国の大学で使用される教科書も執筆していると述べましたが、大学英語教育のフレームワークのなかでは、教養や危機管理につながる英語を学ぶ機会はありません。

たとえば、fuck のように感情が強く込められた言葉や汚い言葉を知っておけば、危機管理に役立ちますが、大学の英語教育で fuck を取り上げることはないのです。一般的に fuck は放送禁止用語であるため、最も汚い言葉のように思われていますが、それ以上に汚い言葉もあります。たったひと言で、社会的信用が失墜し、人生を棒に振る言葉もあるのです（その一方で、使う状況やどの立場で発言するかによって、結果が異なる場合もあります）。こうした実社会を渡るための英語力（教養）は、誰も教えてくれません。

本書は、さまざまなシチュエーションで品格のある、ない、ときには中立の英語表現を挙げ、解説しています。同じ意味を伝えるにしても、状況によって使う英単語が変わること、表現が変化すること、その背景にあるこれまで知らなかった英語圏の文化を学ぶことができるでしょう。また、現代社会の常識が変わりつつある（差別や偏見を避けるため、政治的観点から適切な言葉を使おうとする動き＝political correctness のこと）なかで、どのような言葉が差別的であると認識され、修正が加えられているか、英語ではどんな表現がパワハラ、セクハラになるのか、ビジネスの現場で使ってはいけない表現はどのようなものか、学べるようにしました。

「Fuck以上に発言の内容がひどい」と物議をかもした言葉については、実際にツイッターなどのSNSで炎上した例を取り上げ、解説を加えました。炎上して当然だと思うものから、こんなことでなぜ炎上するのかと首を傾げてしまうものまで幅広く選んでいます。日本人の文化的背景からするとたいしたことがないように思えても、欧米社会では許容されないことも多々あります。「そんなつもりじゃなかった」では済まされない、ということです。日本の社会もこれから、ますます言葉の重みが増していくことでしょう。転ばぬ先の杖として、本書が英語の教養を学ぶ一助となれば幸いです。

あぶない英語／目次

第2章 Fuckの上手な使い方 55

第5章 〈実例解説〉炎上した英語表現 173

第1章　品格のない英会話を学ぼう

学校では教えてくれない品格のない英語

英語の教科書に掲載されることは絶対にありませんが、映画で頻繁に使われる言葉のひとつに fuck/fucking があります。Fuck は自動詞と他動詞両方の用法があり（57頁参照）、主にセックスするという意味で使われます。Fucking はその現在分詞で、ひどい、すごく、という意味で、品格のない英語の代表格です。

私は大学で英語を教えたり、大学で採用される一般教養英語教科書の執筆をしています（授業のないときは輸出入などの海外ビジネスもしています）が、大学の英語教科書に掲載される英文の基準は、政治的中立や公正、道徳的観念に反しないことです。

最近では、英語教科書に医学分野である人工授精に関するトピックを掲載するにあたっても、女性同士の結婚で人工授精し出産するというケースもあるので、性差別的な表現にならないように気を使いました。また、同性婚は旬のトピックですが、このような話題を取り上げると、教室から少なからず「ないわー」と声が上がります。

しかしながら、いいすぎかもしれませんが、最近はクラスに1人くらいLGBTQ（「Q」については第5章で説明します）の人がいるので、教科書に掲載する場合、慎重にならざるを得ません。このように教科書は、当たり障りがないように選ばれた英語やトピックで書かれていますから、fuck/fuckingが掲載されることはあり得ません。

しかし、現実はどうでしょう。考えてみていただきたいのですが、私たちが日頃使っている言葉は、国語教科書にあるような模範的なものでしょうか。たとえば、「大きい」ではなく「でかい」「でけ〜」、「おいしい」ではなく「うまい」「うみゃ〜」、「本当?」ではなく「マジ?」、あるいは「非常に」ではなく「めっちゃ」「すげえ」など、いわゆるスラング(俗語)を多少なりとも使用しているのではないか、と思います。

実は、fuck/fuckingは皆さんが思っているほど悪い言葉ではありません。その一方で、非常に悪い言葉ともいえます。それを決定するのは使用する状況と発話者の態度です。どのような場面で、どんなタイミングで、誰に(親しい相手か、見知らぬ相手か)、どのような発声(加えて、どのような身振り手振り)をするかです。

Fuck/fuckingは、このようなことを知らずにむやみやたらに使用すると命を落とす可能性さえある単語ですが、適切に使用すればかっこいい(面白い)と思われたり、相手との距離がぐっと縮まる可能性も少なからずあります。まさに、諸刃の剣といえるでしょう(実際には、fuckよりも問題になる言葉は多数あるのですが……)。

教育業界には、臭いもの（異端や都合の悪いもの）に蓋をするという大原則があります。そのような大原則があるにもかかわらず、あえて非難を受けるであろうfuck/fuckingなど品格のない英語や英会話を紹介し、解説するのはなぜでしょう。

命にかかわる単語や激しい感情表現は、覚えておいたほうが良いからです。たとえ自分で使うことがないとしても、相手がその言葉を発したら、それは危険の合図だと認識できるようになります。海外に行ったときの危機管理になるはずです。

自らが使うことはなくても知っておいて損はない

過去にfreezeの意味や使用される状況を知らず、不幸にも命を落としてしまった事件がありました。１９９２年、アメリカのルイジアナ州で日本人留学生が射殺された事件です。事件があった当日はハロウィンで、仮装した留学生が目的の家を間違えて訪問し、住人がfreezeといったにもかかわらず近づいていったため、射殺されたといわれています（留学生は「freeze（フリーズ）」を、「どうぞ」を意味する「please（プリーズ）」と受け取ったのではないかという記事もあります）。

Freezeは「動くな」（さもないと撃つぞ）という意味です。Duckは「伏せろ」（さもないと撃たれるぞ）という意味です。街中で発砲があったときによく使われる言葉です。いずれも命にかかわる語彙ですが、学校では教えてくれません。そうした単語、言葉の使い方を知らずに海外旅行したり、留学したりするのは非常に危険であるといわざるを得ません。Fuck/fuckingも同様です。自らが使うことはなくても、知っておいて損はないのです。

こうした危機管理能力向上のためだけでなく、娯楽という観点からもfuck/fuckingは知っておいて損はありません。映画では非常によく使われますから、ニュアンスを知っていればより楽しく鑑賞できるはずです。実際、英語をすべて聞き取ることは上級者でも容易なことではありません。しかしながら、初心者でも聞き取れる単語があるはずです。Fuckingは使用頻度が高いだけに、「あ、今fuckingっていった」と認識する機会を多く持つことができます。同時にその周辺の単語、fuckingが修飾する単語を覚えることができるかもしれません。認識できる単語が増えれば理解できるようになります。理解できるようになれば楽しくなるはずです。

これほどまでに有益であるにもかかわらず、fuck/fuckingなど品格のない英語や英会話は、教育業界の原則に則り、今後も教科書に掲載されないでしょう。「それならば、私が伝えるしかない」との思いで、筆を執ることにしました。

ピーと鳴る放送禁止用語はこの単語

どの国にも、テレビ、ラジオなどで使用してはいけない放送禁止用語があります。基本は性的表現であり、文化や習慣が異なっても大きくぶれることはありません。しかしながら、その国の文化や習慣が反映されている部分もあり、勉強になることが多いのではないかと思います。

日本語における放送禁止用語として、「〇ンコ」に該当する性的表現があります。小学生向けの雑誌『コロコロコミック』は、「〇ンコ」の用語を多用し息の長い雑誌になっているそうです。編集長はそれを、「うんこ・ちんちん原理主義で喜んでもらっている」といいます。主な読者である小学生の男子は「うんこ」と「ちんちん（ちんこ）」を楽しんでいるということです。表向きは禁止になっていても、実需という面においては、大人（特に男性）になってもかなり需要があるといえるでしょう。それでは、英語における放送禁止用語の、代表的なものを挙げましょう。

- fuck (fucking)：性交
- shit：大便
- piss：尿
- cunt（または、pussy）：女性器
- dick：男性器
- tits：おっぱい

欧米で放送禁止用語は総称してdirty wordsといわれます。もっと詳しく説明すると、seven dirty words (shit, piss, fuck, cunt, cocksucker, motherfucker, tits)や、4文字の単語が多いことからfour-letter word（fuck, shitなど）と呼ばれ、「ピー」が入ります。ちなみにletterは「文字」の意味で使われています。なかでもfuckはF-wordとも呼ばれています（これは、fuckの頭文字を取ったものです。放送コードで表記できないため、テロップなどでFと表記しています）。

5文字以上の放送禁止用語には、たとえばprickがあります。これは男性器を意味しま

すが、この単語だけを叫ぶ場合、「バカヤロー」という意味になります。また、asshole は肛門を意味しますが、これもこの単語だけを叫ぶ場合、「バカヤロー」という意味になります。下ネタではありませんが、やはり放送禁止用語となっています。

同じ肛門を意味する単語でもだいぶ感じが違う

それでは、放送禁止用語を使わずに先述の言葉を表現するにはどうしたらいいでしょう。真面目な会話のなかで、性交、大便、尿、女性器、男性器などの言葉を使用しなくてはならない場面はよくあるものです。たとえば、学校における性教育、また病院で医者に症状を説明する、医学的な話をする、性的な嗜好を共有する仲間に自分の性器、肛門の特徴や症状、傾向について相談するなどの場面では、どんな英単語を使用したらいいのでしょうか。

- 性交：sexual intercourse
- 大便：stool, feces
- 尿：urine

- 女性器：female genital organs　(ストレートに表現する場合：膣　vagina)
- 男性器：male genital organs　(ストレートに表現する場合：陰茎　penis)
- 肛門：anus

以上が、真面目な会話をするときにふさわしい単語です。とはいえそういわれても、実際に英会話のなかで、品格がないにせよ、あるにせよ、それぞれの単語をどのように使用したらいいのか、ネイティブ (native speaker：その言語を母国語として話す人の略) ではない場合、さっぱりわからないでしょう。そこで次に、性交、大便、尿、女性器、男性器、肛門を使用した品格のない、そして、品格のある例文を挙げてみます (中立的な表現がある場合には、その例文も挙げておきます)。両者の表現を比べてみると、同じ性交、大便、尿、女性器、男性器、肛門を意味する単語であっても、だいぶ感じが違うのではないかと思います。あまり英語が得意でない人でも、違いがわかるはずです (と思います)。

ただし、同じ例文を使って、単に単語を置き換えればいいというわけにはいきません。下品な表現と上品な表現では表現方法がまったく異なり、単語を置き換えるだけでは違和感を覚えてしまうからです。たとえば、単語レベルでは、クソを意味するshitを、大便を意味するstoolやfecesに置き換えることができますが、上品な英語では大便という表現さえ使わないのです。

つまり、品格のない英会話ではより直接的な表現が好まれますが、品格のある英会話では直接的表現を避ける傾向があるのです。たとえば、品格のある英会話では性交を表現するとき、sexual intercourseさえ使用しません。

Are you (sexually) active?
(性的にアクティブですか?＝勃起不全ではありませんか?)

これは、病院に行ったときの医師からの質問であったり、会話のなかで性的な関心、能力がどの程度あるか婉曲的に聞かれたりする場合として考えられます。つまり品格がある会話においては、直接的にセックスという表現が出てこず、言外にほのめかすということです。どうでしょう。なんとなく、品格がある英会話、ない英会話の雰囲気がわかったのではないでしょうか。それでは品格のない、ある、ときには中立的な表現を入れた例文を挙げて、比較してみましょう。

品格のない性交：Did you fuck her?（あの娘とやっちゃった?）
中立：Did you have sex with her?（あの娘とセックスした?）
：Did you have sexual intercourse with her?（あの娘と性交しましたか?）

「あの娘とやっちゃった?」という質問を、もしも品格のある英会話のなかでする場合、どうなるでしょう。直接的な表現を避け、あえて品を良くするため婉曲表現にするので、以下のようになります。

1 Did you have fun?（楽しんだ?）
2 Did you play doctor?（お医者さんごっこした?）
3 Did you learn about the birds and the bees?（性行為の基本をしましたか?）

1について。fun は楽しむということからの連想です。楽しんだ?＝セックスした?になるのです（もちろん時と場合によりますが）。

2について。日本語でエッチ体験をお医者さんごっこと称する場合があります。これは、欧米でもそういうたとえとして使われます。子どもがやる遊びというのはどこの国であれ、生き物としての根源的欲求に基づくものが多いのではないでしょうか。お医者さんごっこは、欧米ではお互いの性器を診察し合うことを意味することがあります。実際、映画でも男同士でペニスを見せ合い、大きさを競うような場面があります。子どもならいざ知らず、大人の場合は観察で終わることは稀ですので、服を脱がして触診する＝セックスする、を意味します。

3について。The birds and the bees は自然の営み、という意味です。かつては欧米人でも、子どもに性に関する話をダイレクトにするのはためらわれた時代がありました。その時代に、たとえとして使われたのがこの表現です。「セックスは自然な行為なんだ」と諭す意味もあるようです。よって、ここでは learn を使うことで少し柔らかい表現になります。なにより、セックスに真面目に取り組もうとする感じが生じ、品格が漂っています。いかがでしょうか。とはいえ、婉曲表現が必ずしも上品になるとは限りません。品格のない英会話でも婉曲表現（スラングではありますが、直接的な表現を避けているという意味で）を使うことはよくあります。

Did you feed the beaver?（やっちゃった?）

Feed は「餌をやる」という意味で、beaver は婉曲的に女性器を意味します（beaver の本来の意味は動物のビーバーです）。もちろんスラングですが、the beaver で女性器を指すのは女性をかなり蔑んだ表現です。この時点で、女性ではなく、性器（＝セックス）にしか興味がないことを示しています。ちなみに餌をやるというのは、そこに何かを挿入するイメージがあるのではないかと思います。

また、聞いたことがあるかもしれませんが、本来、猫を意味する pussy もスラングで女性器、性行為を表します。棒状のものはペニスを表すことが少なくありません。たとえば joy stick, sausage, snake などがそれにあたります。他にも、pocket monster や one-eye pirate（片目の海賊。閉じているほうの目を縦にすると尿道口に見えることからペニスを表すそうです）など、連想できれば何でもいいのです。いかに下品な想像力が豊かであるかを試す連想ゲームだと思えば、理解しやすいのではないでしょうか。

どうでしょう。要は相手に、「あの娘とセックスしたか？」と聞いているだけの文章ですが、奥が深いですね。品格のない聞き方ではfuckを使い、中立的な聞き方ではsexやsexual intercourseを使います。しかし品格のある聞き方では、もはや、いやらしい言葉さえ出てこないのです（品格のない英会話でもいやらしい言葉は出てこないことがあります。わかりにくい婉曲表現が使用される場合もあるので気をつけてください）。

品格のあるうんこ、ないうんこ

それでは次に、くそ、うんこ、大便、排泄物について、考えてみましょう。現実には、品格のあるうんこ、ないうんこなどはなく、うんこは単にうんこでしかありません。しかし、やはり表現にはいろいろあるものです。うんこがうんこそのものを指す場合、うんこが比喩であり、相手を罵倒する場合など、うんこにもいろいろあります。

品格のない大便：Don't give me shit about the fight.
（喧嘩のことで俺をけなすな＝俺をおちょくるんじゃねーよ）

中立：I have to go number two.（うんこに行きます）

※ number one = pee = おしっこ
※ number two = poop = うんこ

考えてみればわかりますが、トイレに行くとき、うんこかおしっこかを他人に伝える必要はありません。トイレに行く旨を伝えればいい（もしくは、品良く席を外すことを伝えればいい）だけの話なので、number two がいくらうんこを示す婉曲的な表現とはいえ、I have to go number two. はあまり良い表現とはいえません。相手にうんこであることを伝える必要があるとしたら、幼い子どもが親にいうとか、病気や介護で相手に大か小かを伝えなければならないケースです。

Pee（おしっこ）や poo/poop（うんち）は幼児語ですが、大人でも使います。概ね子どもが使う言葉は、語尾を伸ばすと決まっています。Pee の語源は piss（尿）と考えられます。ピスのスが発音しにくいのでピーと伸ばします。一方、poop は船尾という意味から、お尻を意味します。そこからうんこの意味になったのだといわれています。

I wanna pee.（おしっこしたい）

I wanna poo/poop.（うんちしたい）
I wanna take a crap/dump.（うんちしたい）

実際に使用するとしたら、幼児語なのでこんな感じの表現になります。しかし、いい歳をした大人が突然これらの表現を使ったら、相手は気味悪がるでしょう。

ところで、うんこを品格のある表現にすることはできるでしょうか。これは難しい質問です。うんこで品格のある表現はおそらくないと思います。そのような話題になることが考えにくいからです。たとえば、社交界のマダムの会話で「奥様、おうんこに行かれますか？」というような場面が考えられるでしょうか。まったく考えられません。せいぜい、気の置けない仲間内で「お芋を食べるとお通じに良いのよ」と、便秘で悩むマダムたちがうんこトレーニングの情報を交わすくらいでしょう。病院では以下のように、品格のある、とまではいいませんが、医学用語を使い丁寧な表現をするはずです。

品格のある大便：What does your stool look like?（便の具合はいかがですか？）

：How's your bowel movement?（排便の具合はいかがですか?）

※bowel movementとはそれぞれお腹、動きを意味する医学用語で、病院で医師が使います。

性行為はしないという人もいますが、排泄はしないわけにはいきません。これは生きていくうえで避けられないことですから、皆さん気になるところだと思います。排泄をしたいとき、トイレを表す言葉はtoiletやlavatoryでもいいのですが、便器を連想させてしまうので、やはり品が良いとはいえません。基本的には、restroomやbathroomを使います。たとえbathroomではなかったとしても、bathroomを使います。アメリカの家ではバス（シャワー）とトイレが一緒のところが多いからです。スラングではloo（トイレの意。語源はフランス語ともいわれています）といったりします。それでは、「トイレに行きたい」ということを伝える品格のある表現を、以下に挙げます。

1 May I use your bathroom?
2 May I wash my hands?

3 Where could I powder my nose?

1について。トイレは便器を直接的に描写してしまうので、品格のある表現では、May I use your bathroom?（バスルームをお借りしてよろしいでしょうか？）など、直接的な表現を避けるのが普通です。

2について。この表現は「お手洗いをかしてください」に近いですね。

3について。女性が使う表現です。トイレのことを化粧室ともいいますが、この表現はまさにそれで、女性が化粧直しに行きたいといいつつ、うんこ（かどうかわかりませんが）に行くときに使う表現です。直訳は、「どこでお鼻にお化粧できるかしら？」となります。実際、powder roomという言い方もあり、ホテルやレストランの化粧室を指します。

ここで念には念を入れ、考えてみましょう。トイレを使わせてくださいを、bathroomを使って表現したところ、本当にお風呂だけで、トイレがなく、たいへんな目にあってしまうということは考えられないでしょうか。大丈夫です。安心してください。なぜならこの表現を使った時点で、トイレを借りたいというあなたの意図が伝わるからです。それよりも危険なのはバスルームがトイレと一体型のため、シャワーが長い先客がいた場合、トイレが使えないという事態が発生することです。しかしそこはアメリカ、それなりの家にはバスルームが複数ありますのでご心配なく。

「トイレに行きたい」ということを伝える、品格のある表現を紹介しました。それでは次に、「トイレに行きたい」のポエム的な（どちらかというと、品格がある）表現を紹介します。

1 Nature calls.
2 Pick some flowers.

1について。自然の摂理が呼んでいる（私は便意を催している）、ということで、「この人はトイレに行きたいんだな」と相手に伝わります。

2について。ポエムのような感じですね。なぜこのような表現になるかはわかりませんが、女性が使う表現です。日本語でも、女性が「お花摘みに行ってきます」という表現で、上品にトイレに行くことを示す場合があります。登山用語だそうです（しゃがんで用を足す姿が、花を摘んでいる姿に似ているため）。同様に、お花摘みからの連想で、女性が何かをするために席を外すといったニュアンスだと思います。

いかがでしょうか。要は、トイレに行きたいということを伝えるにも、いろいろな表現があるということです。May I be excused.（少し失礼させていただきます）、これでもいいのです。これは、品格のある英会話の範疇(はんちゅう)に入るでしょう。ただし、婉曲的に伝える場合、本当にその人が行きそうな場所に行くと述べると、トイレではなく単にその場を立ち去り、別の場所へ行きたい（戻ってこない）のだと勘違いされてしまいますから注意してください。

漏れそうなとき

「トイレに行きたい」という言葉も、余裕があるときと、今にも漏れそうなときとでは当然、異なってきます。余裕がない状況で、今すぐにもトイレに行きたいことを伝えたい場合、以下の表現があります。

・おしっこの場合
I'm gonna pee in my pants.（パンツにおしっこ漏れそう）
I wanna pee really bad.（マジでおしっこしたい）
My bladder's gonna explode.（膀胱が爆発しそう）
I might wet the floor.（床が濡れるかも）

・うんこの場合
I'm gonna shit myself.（うんこが漏れそう）

実際には、品のある大人はたとえ漏れそうであってもそれを表現することはありません。ですから、漏れそうと伝える表現は総じて品格がない、または中立よりやや下品な表現といえるでしょう。しかし、現実には品がどうのこうのとはいっていられない状況もあります。「とりあえず何でもいいからトイレに行かせてくれ！」と伝えるには、どう表現したらいいでしょう。

I really really need to go to the restroom.

Really の回数を増やせば増やすほど、深刻さが伝わります。

「いや、もうそんなこともいっていられない！」「緊急時にそんな言葉が出るわけがないだろ！」という方はこのひと言。お尻や股間をおさえながら、

Emergency!（緊急事態）

と叫べばいいでしょう。救急車を呼ばれないよう、お尻や股間をおさえるところがみそです。緊急事態には違いありませんが、救急車は不要なわけですから勘違いされないようにしてください。ちなみに、トイレに行きたい、かしてくれ、どこにあるんだ、という意図を、品格のない表現にするとどうなるでしょうか。例文を挙げてみましょう。

Hey, where is the fucking toilet?（おい、便所はどこだ?）
Where can I shit, man?（どこでうんこできんだよ?）

しかし、こんなふうにいわれたら、相手はどう思うでしょう。どんなに切迫した状況であっても（漏れそうであっても）、無視されるか、喧嘩になってしまうでしょう。トイレに行きたいという目的を阻むだけです。発言者自身にとって何らメリットがありません。それどころか、筆者は恐ろしくてとてもこんな表現を使う気にはなれません。皆さんも使ってはいけません。

さて、あなたが「Emergency!」（緊急事態）と叫んでトイレに駆け込んだ後、あなたが、トイレから戻ってきたとします。すると当然、周囲の人は結果としてどうだったのか（間に合ったのか、漏らしたのか）、気になるところでしょう。そこで、

That was close.（ギリギリだった）

I almost had an accident.（事故寸前だった）

などといえば笑いを取れるかもしれません。少し汚いですが、

I had a small accident.（小さな事故があった）

といえば少し漏らしたことになり、

I did a poo in my pants.（うんちを漏らした）

といえばそれなりの量を漏らしたことになり、コメディ映画では笑いどころとなります。

品格のある尿、ない尿

それでは、尿、女性器、男性器、肛門の品格ある、ない（ときには中立の）表現を見てみましょう。品格のある表現は医者が患者に対して使う正式な表現です。

品格のない尿：Don't piss me off.（俺を怒らせるんじゃねえ）

もはや「尿」の意味はありません。品格のない英語の場合、本来の意味ではなく、相手を罵倒する意味になります。

中立：I almost peed my pants.（おしっこ漏らしそうだったよ）

英語では almost が入ることによって、そのようにはならなかったことになります。たとえば、

I almost died.（死ぬところだった）　↓実際には死んでいない。
I almost drowned.（溺れそうだった）　↓実際には溺れていない。

従って、almost peed は一滴も漏らしていないことになります。

品格のある尿：What are the benefits of drinking urine?
（飲尿にメリットはありますか？）

品格のない女性器：Why not bring some pussy?（女連れていこうぜ）

パーティーなどに男だけでは華がないのでケバい女を連れていきたい、という感じです。

：I want to get some cunt.（女、欲しいな）

セックスすることを目的として女性を探している表現です。非常に乱暴な表現ですからあまり使われません。一般的な表現は、I want to get laid.（やりたい）です。

品格のある女性器：Do you have discomfort in the female genital?
（女性器に違和感がありますか？）

品格のない男性器：Are you a prick?（バカなの？）
：Dickhead!（バカ野郎、チンポ野郎）

品格のある男性器：What causes pain in your penis?
（なぜペニスに痛みがあるのですか？）

品格のない肛門：Asshole!（バカヤロー）
品格のある肛門：Do you have hemorrhage of anus?（肛門から出血がありますか？）

いかがでしょうか。他に人種差別語、性別に関する差別語も、見てみましょう。

nigger：黒人
bitch：雌犬（アバズレ）

Niggerはかなりの蔑称ですから、絶対に使用してはいけません。本書のネイティブチェックで指摘されたときも忌避され、伏字になって戻ってきたくらいです。Fuckの100倍危険な言葉です。一般の日本人にはこの言葉がどの程度危険か、感覚としてわからないでしょうが、人前でいった場合、品格を疑われ、人間関係が壊れさえします。アメリカの歴史を振り返ればわかるかと思いますが、白人が黒人に対しniggerと呼ぶとき、そこには言外に奴隷、使用人というニュアンスが含まれているからです。たまに、映画で黒人が黒人に対して、もしくは黒人が白人に対して冗談交じりでいったりしますが、それはあくまでも映画の世界です。

それでは、黒人、雌犬の、差別表現、中立的な表現、差別表現ではない丁寧な表現、それぞれに該当する単語を挙げてみましょう。

差別表現の黒人：nigger
中立：black ※最近では差別的と考えられています。
差別表現ではない黒人：African American

実は、今ではAfrican Americanさえも差別的との見方があります。つまり、「アフリカ系」と区別すること自体が差別ではないかということです。身体的な特徴に言及することさえ難しくなってきています。たとえば、髪がカーリー（くるくる）であるというのも、背が高いというのもＮＧになりつつあります。身体的なことに言及すること自体、そもそも差別的ではないか、という考え方です。現代的な考え方では、人間を一個人としてみなし、人種、肌の色、出自などの構成要素を加味して判断することは避けたほうが無難といえます。男女の区別もＬＧＢＴＱの動きがあるので、sex（生物的な性）ではなくgender（社会的、文化的な性）、もっといえば、本人の意向を最大限反映した性で認知するのが正解です。

差別表現の女性：bitch
中立：woman
品のある表現：lady

Bitch はイメージが良くないので、もはや雌犬という本来の意味で使用されることは稀です。一般的には dog で雌雄の区別はしません。では、雌犬の品格を上げるためにはどうしたらよいでしょうか。

中立：female dog
品のある表現：その犬の名前を使うか、she や her などの代名詞を使う。

悪意のこもった品格のない、または差別表現にあたる英語の使用は厳に慎まなければなりませんが、このように両者（三者）を見比べて、英語を同時に学ぶと頭に入りやすくなるのではないでしょうか。bitch, woman, lady のように女性を表す言葉が変わるということは、いかに言葉が感情によって変化するかの表れともいえるでしょう。ちなみに、使用する状況にもよりますが、これまでに挙げた放送禁止用語の危険度を著者の感覚でまとめると、以下のようになります。

最も危険な差別語　nigger

アバズレ　bitch > slut > whore

バカヤロー　motherfucker > cocksucker > dickhead/prick > asshole > idiot/stupid

くたばれ　fuck off > piss off

強調　fucking > shit > damn > very

※damn（「くそ〜」「めっちゃ」「ちくしょう」の意）。Damn you.（こんちくしょう！）、You damn right.（おまえのいうとおりだ）。

ラップや映画には品格のない、汚い英語が飛び交っている

ラップとはヒップホップ・ミュージックと関連した音楽手法のひとつで、似た言葉を繰り返したり、語尾が同じ言葉を繰り返したりします。つまり韻（ライム）を踏むのが特徴です。その内容は社会風刺であったり、相手を挑発する悪口の言い合いであったりします。芸術、小説、音楽など創作活動全般にいえることですが、表現にはその人の人生が大きく反映されます。それは、アメリカ史上最も売れたヒップホップ・ミュージシャンのひとりであるエミネムの自伝的な映画『8 Mile』を見るとよくわかります。『8 Mile』にインス

パイアされミュージシャンを目指した人も少なくないはずです。この映画を見ると白人の貧困、人種差別など、アメリカの問題点を垣間見ることができます。私が『8 Mile』を見て、注目した表現を挙げます。

What the fuck?（どうした？）
Hold on a fuckin' minute!（ちょっと待ちやがれ！）
Who the fuck are you, nigga?（てめぇ誰だ、黒人！）
※このセリフは、黒人が白人に向かっていっているので驚く。
Can I get some fucking privacy here?（プライバシーはねぇのか？）
※プライバシーという言葉と一緒に使っているのが面白い。
Let these motherfuckers know, man.（こいつらに教えてやりな）
※Let を使った比較的丁寧な表現と下品な表現の混在が面白い。
Shut the fuck up!（黙りやがれ！）
You can't fuck this up for me, baby.（俺のためには諦められないだろ＝やれよ！）
※give up ではなく fuck up で「諦める」を表現しているのが面白い。

テレビでは fucking には「ピー」とかぶせ音が入りますが、もしも映画やラップの放送禁止用語を「ピー」で消してしまったら、流れが阻害されかねません。たとえば、ウェブ検索してみるとわかるのですが、レオナルド・ディカプリオ主演で学歴、コネ、経験のない青年が株のブローカーとして成り上がろうとする実話をもとにした映画『ウルフ・オブ・ウォールストリート』には、fuck およびその派生語が実に569回も出てくるそうです。つまり品格のない英語が飛び交うわけで、1分間に約3回の頻度だそうです。もしも、そのたびに「ピー」音が入れば耳障りなだけでなく、流れが阻害されてしまいます。ラップであればもっと多いでしょう。

そもそも、上品なラップなど聞いたことがありません。「あなたはいつも決まった時間にお紅茶を召し上がる、素敵！」「俺はいつも健康に気を使い、夜は9時に寝て、朝は5時起きだぜ、君もいかがですか！」というような歌詞があっても面白くもなんともありません。大体は、「こんな腐った社会、やってられねー」「嘘つきの政治家がほざいてる」「お前の母ちゃん出べソ」的な権力批判や愚痴、悪口です。そうなれば、fucking なしでは表現できません。

なぜ品格のない英語を学ぶべきなのか

学校で学ぶ英語は、もはや時代遅れといっていいでしょう。状況にもよりますが、たとえば、ネイティブが名前をいうとき、"My name is ~." と名乗る人はほとんどいません。丁寧に越したことはありませんが、どうにも堅苦しい感じがします。それでは、ネイティブがパーティーなど打ち解けた雰囲気で自分の名前を伝えるとき、または初対面の畏(かしこ)まった席で名前を伝えるときなど、それぞれどのようにいうのでしょう。

打ち解けた雰囲気：自分の名前をいうだけ（たとえばMikeであれば、Mikeといいながら握手をする手を差し出します）。
和やかな雰囲気：Hello. I'm ~.
初対面の畏まった席：It's pleasure to meet you. My name is ~.

政治家、高級官僚、経営者、学者などが参加するような権威ある場、堅いビジネスの場、学会など畏まった場で丁寧に話したほうがいい場合は別として、日常生活の和やかな場で、お互いに敵意がないとわかっている人に名前を伝えるときは、自分の名前をいうだけ、もしくは“Hello. I'm ~.”のような英語で十分だと思います。

インターネットの普及により、英語は言語研究者の想像をはるかに超えるスピードで進化しています。言語がこれほどまでに短期間で変化することは、いまだかつてなかったのではないでしょうか。さらに英語は、本来ネイティブではない者の利用が多いことも特筆すべき点です。インドやシンガポールのように独自の英語を使う国もあります。

本来の英語圏内においても、言葉は確実に変化しています。Wickedという単語があります。通常、「(気分や調子、または態度や振る舞いが) 悪い」という意味で使いますが、スラングでは「(気分や調子が) 最高に良い」の意味で使います。

テレビ番組で、司会者が“How are you?”と聞くと、パーカーをダボッと着た少年が“Wicked”と答えているのを見たことがあります (当たり障りのない一般的な返答は“Fine”“Not bad”や“I'm happy.”です)。スラングを知っていれば、調子が悪いのにテレビに出たのか？　大丈夫？　と思うことはないはずです。似たような例に、“sick”があります。普通は「病気」という意味で使うのですが、「良い」という意味で使うこともあります。

多くの人はスラングに対して非常にネガティブなイメージを抱きがちですが、挨拶のようなものから喧嘩を売るような激しい意味になるものまであり、スラングというだけで遠ざけるような性質のものではないと私は思います。日本語でも「最高に良い」という意味で「ヤバい」を使う人を、最近多く見かけます。特に、私は英語を教えに大学に通っているので、学生の会話をよく耳にします。分類すればおそらくスラングに属すると思いますが、一般人でもそこそこ使う語彙です。しかし、レポートやテスト、論文、行政文書などに「ヤバい」は使いません。

その「ヤバい」ですが皆さんご存じのように、先述の"wicked"同様、反対の意味で使われることがあります。服屋さんで女性2人組がかわいい服を見て、「ヤバ〜い」といっているのを実際に聞いたことがあります。私は口が悪いので、「あなたのほうがヤバいよ」といいたくなるのですが、それはさておき、このケースでは「(ヤバいくらい)かわいい」の意味だそうです。日本語の「全然」も同様です。私としては「全然」は「〜ない」とセットで使わないと気持ちが悪いのですが、最近は「全然平気」「全然大丈夫」のように使われたりします。私の世代以上だと、まったくもって理解することができないという方もいるでしょう。しかし言葉は生き物ですから、それを否定しても意味がありません。受け入れるのみです。

品格のない言葉や本来の使い方とは異なるスラングであっても、多くの人が使っていれば、それはいつか正しい英語になるかもしれません。実際、このようなケースがあります。Rip-off（盗み、ぼったくり）はかつてスラングでした。現在60歳以上のアメリカ人はそのように思っているはずです。しかし最近では、ニュースのヘッドラインにも使われます。これはスラングではなくなったということです。このように品格のないスラングであっても、みんなが使うようになれば市民権を得る、中立的な言葉に格上げされることがあるのです。スラングだからといって単に遠ざけるのではなく、そんな言葉もあるんだと積極的に吸収してみてはいかがでしょうか。語学学習はそのほうが、楽しいと思います。

品格のない英会話は親しい間柄でうまく使うと距離が縮まる

私の趣味はサーフィンです。若い頃、2人のサーファーが世界各地のサーフポイントを旅するロードムービー『エンドレス・サマー』という映画に憧れ、最高の波を求めて世界を旅しました。幸運なことに、何度か有名なプロサーファーとご一緒させていただいたこともありました。ニュージーランドでは親切な方々のおかげで、難なくヒッチハイクで同国を一周できました。サーファーの友だちがたくさんでき、会話の機会も多くなりました。サーファー仲間の会話でfuckingは頻出語彙で、fuckingが入っていない文はないといっても過言ではありません。

「さみーよ（寒いよ）」＝fucking freezing
「クソでかい波」＝fucking big wave

そんなにfuckingを使わなくてもいいのではないかと思うくらい頻出します。私も仲間内ではfuckingを使って話していましたが、やはり違和感はありました。見た目からして東洋人なので無理もありません。私がfuckingを使うたびに、「こいつ外国人のくせにfucking使ってるぜ！」みたいな冷やかしは何度も経験しましたが、日が経つにつれ板についてきました。もちろん、たとえ板についてきたとしても初対面の人に使うことはありません。あくまでも友だちにだけです。仲間内で使うと妙な一体感がありますが、他人に使えば変な雰囲気になることは間違いありません。やはりfuck/fuckingは、使用環境が大切であることは間違いないのです。

どうしてそれほどまでにfuckingを使うのか気になり、日本在住のアメリカ人、オーストラリア人数名に質問したことがあります。きれいな言葉でないのは間違いありませんが、私たちが思っているほどアウトローな言葉ではないと説明する人が多かったです。もちろん、言葉は相対的ですから、使う場所によっては、標準的になったり、アウトロー的になったりするということでしょう。ここは慎重にとらえておきましょう。

とはいえ、郷に入っては郷に従えともいいます。たとえば、荒くれ者が集まる酒場で（そんな映画のような場所があるかどうかは別にして）上品な言葉を使えば浮いてしまいますが、荒くれ者の使う言葉を使えばその場に溶け込めるはずです。

状況によって適切な言葉を使用する例として、「知りません」を考えてみましょう。英語にすると少しそっけなくは感じますが、"I don't know." になります。やんわりいうのであれば "I have no idea." となるでしょう。では、「知らね〜よ！」はどうでしょうか。"I don't know." を強くいえばいいと答える人もいることでしょう。もちろんそれも正解です。では、イギリス秘密情報部（ＭＩ６）のスパイであるジェームズ・ボンドが敵のスパイに追い詰められ、銃を突きつけられ、誰に頼まれたか問い詰められるような状況を思い浮かべてください。この場面で、ボンドが「知らね～よ!」と答える場合、"I don't know."を強くいって事足りるでしょうか。いいえ、私はそうは思いません。やはりここでは、"I don't fucking know."が正解ではないでしょうか。

丁寧な表現にする方法は学校で教えてくれます。Pleaseをつけることから始まり"Could you ~?" "Would you ~?" "I would appreciate it if ~."などの表現も教えてくれることでしょう(実際にはpleaseをつけたからといって、必ずしも丁寧になるとは限らないのですが)。しかしながら、下品にする方法は教えてくれません。しつこく先生に、「教えてくれ!」と食い下がっても、教えてはくれません。なぜなら、教えた後で生徒が実践し、面倒な事態がおきた場合、「なんで先生がそんな品格のない、下品な英語を息子に教えたの? バカじゃない?」と親からいわれることが容易に想像できるからです(もっとも、先生もそんな表現は習わないから知らないのかもしれません)。

しかし、人間は感情の動物といわれますから、相手を罵ったり、仲間内でゲスで、品のない言葉を口走ることがあっても何ら不思議ではありません。恋人に、感情の赴くまま汚い言葉を吐いてしまい、後悔することもあるでしょう。上司に怒られた後、独り言で汚い言葉を使うことだってあるでしょう。誰だって多かれ少なかれ汚い言葉を使うことがあるのです。つまり、この世に存在する言葉を、使用するかどうかは別として、知らないままでいることは、危機管理の面においても、人間理解においても、教養においても、知的怠慢といえるのではないでしょうか。

ここまでいえば、皆さんも品格のない、ある、ときには中立の英語表現に興味を持ったことと思います。これまで、ネガティブなイメージのある言葉としてお伝えしたfuckingですが、ポジティブな文脈でも使われます。語弊があるかもしれませんが、fuckingはveryと同じ感覚で使われることもあります。Fuck/fuckingの多様で、上手な使い方については、第2章でご紹介します。

第2章 Fuckの上手な使い方

Fuck you! を深く学ぶ

英語で二人称はすべてyouで表すことができますが、日本語でyouに当たる言葉は方言も含めるとおそらく50以上はあるでしょう。Fuckが入った文を訳すときは、文尾の表現をたとえば、「知らない」から「知らねえ」に変え、さらに「あなた」を「お前」「てめえ」「クソ野郎」などに変えましょう。Fuckには文章の品格を著しく失わせる作用があるからです。実際に強調されるのはfuckそのものではなく、fuckingが修飾する言葉ですが、文全体を下品にします。

この章ではfuckをより掘り下げてみましょう。Fuckを仲間内で上手に用いれば、人気者になれるかもしれません。あなたがラッパーなら、いい歌詞が面白いように閃(ひらめ)くかもしれません。特に使い道のない方は、品格のない言葉そのものを味わい、英語の教養をアップさせてください。

第1章で述べたように、fuckはF-wordやF-bomb（爆弾のように破壊力のある言葉、fuckなどを意味する）ともいい、テレビやラジオでは使ってはならない言葉とされています。しかしながら、品は良くありませんが、映画や日常会話では比較的よく用いられる語彙です。それではまず、fuck の文法的な解説をしておきましょう。動詞で使われる場合、自動詞、他動詞、両方の用法があります。動詞 fuck は規則変化をしますので、fuck-fucked-fucked となります。

（自動詞）セックスする／台無しにする

（他動詞）～とセックスする／～に馬鹿げたことをする／他動詞の場合、"Fuck 人！" の形で使われ、怒りなど激しい感情を表します。

（自動詞）用法としてはありますが、他動詞ほどは使われません。他動詞としての用法は非常に多いです。その点から、他人とのかかわりのなかで使うコミュニケーションの言葉であると考えることができます。

自動詞と他動詞は、それぞれ他に影響を及ぼすかどうかという違いがあります。"Fuck up" と "fuck 人 up" の例で見ていきましょう。

（自動詞）fuck up：しくじった（自分がしくじり、自分だけで完結する）

I fucked up.（しくじっちまった）

動詞＋前置詞は熟語、ひとかたまりの動詞としてとらえることもできます。そうなると、その後に続く語は目的語として扱われますので、他に影響を及ぼす他動詞のような働きをすることになります。

You fucked up my life!（お前が俺の人生をめちゃくちゃにしたんだ！）

あきらかに「お前」が「俺の人生」に影響を及ぼしています。

（他動詞）fuck 人 up：傷つける、ぼこぼこにする（動作が他人に及ぶ）
I'll fuck him up!（あいつ、とっちめてやるぜ！）
He fucked me up!（あいつ、おれをなめやがって！）

ちなみに、fuck up は fuck-up と表記して名詞として扱い、「ドジ」「ヘマ」の意味で使われることがあります。それでは、他動詞として"Fuck 人 !"の形で使われる表現を深く掘り下げていきましょう。まずはこの定番のひと言から。

Fuck you!（ふざけるな！）

Fuck you! は直訳すると「お前とセックスするぞ」「お前にバカなことをするぞ」となりますが、通常は「ふざけるな！」「くたばれ！」「殺すぞ！」の意となります。他に、"Suck my dick."や"Suck my balls."も同じ意味で使われます。"Suck my dick."や"Suck my balls."も直訳の「チンコを咥えろ」「金玉を咥えろ」という意味ではなく、「ふざけるな！　俺の金玉でも舐めとけ！」と、罵る感じになります。

こうした類の言葉は、意味などあってないようなものです。単に相手を罵る言葉ですから、映画でもその場に応じた意訳が当てられています。また以下のように、fuck you の後ろに罵る言葉をつけて使うこともよくあります。

Fuck you, bitch!（雌犬が！ くたばれ!!）
Fuck you, you son of a bitch!（ろくでなし！ くたばれ!!）
Fuck you, dickhead!（ふざけんな、バカ野郎！）
Fuck you, motherfucker!（ふざけんな、バカ野郎！）
Fuck you, donkey!（ふざけんな、マヌケ野郎！）
Fuck you, shitbreak!（ふざけんな、ウンコ漏らし野郎！）
Fuck you, asshole!（ふざけんな、バカ野郎！）
Fuck you, idiot!（ふざけんな、バカ！）

いろいろな表現がありますが、しょせんただの悪口であって、多少ニュアンスの違いはあるものの、すべて同じ意味と考えて差し支えありません。

Fuck me!（もっとやって！）

上述の言葉は、セックスの最中に女性がいうことが多いです。また、fuck me の後に行為中の相手の名前をつけて使うことも多いです。ポルノでは“Fuck me, baby!”がよく使われます。男性が自分に対して“Fuck me!”といったら、「俺のバカ野郎！」「やっちまった！」「下手こいた！」の意味になります。もちろん、それも状況次第。男性同士のセックスにおいて受け手が使用する場合、文字どおり「もっとやって！」の意になるのはいうまでもありません。

相手がバカ野郎であることを示すには

相手がバカ野郎であることを示したり、罵るために、普通はfuckしない相手をfuckerの前に置いてディスります。Motherfuckerはその典型例です。普通、お母さんと性交することはありません。お母さんとでもやってしまうくらいのバカ野郎、もしくはお母さんにしかやらせてもらえないようなマヌケ野郎という意味でmotherfuckerといいます。日本語ではここまでお母さんとからめた性的罵倒描写はなく、バカにしたとしても、せいぜい「お前の母ちゃん出べソ（死語）」「母ちゃんのおっぱいでも吸っとけ！」くらいです。なぜ日本語には、motherfuckerに相当する罵倒の言葉がないのか、研究すると面白いかもしれません（危険かもしれませんが）。

“Fuck 動物”は意味にとらわれずバカにされているとわかればよい

それでは“fuck 人”の形ではなく、“fuck 動物”だとどうなるでしょうか。基本的にfuck 動物は、「その動物とやっとけ！」「ふざけるな」という意味になります。なぜ特定の動物が出てくるかというと、その動物のイメージを反映させたいからとしか答えようがありません。猿はいたずら、ロバはのろま、キツネは狡猾など英語圏でも動物に対してイメージがあります。ただし、日本でのイメージとは異なる動物もいますので注意が必要です。たとえば、日本語で鳩は平和の象徴として使われますが、英語では鳩は騙されやすい人、のろまを意味します。猫も日本語ではかわいいイメージですが、英語では意地悪な、こそこそしたという、どちらかといえばネガティブな意味で使われます。

話を戻します。それでは、“Fuck a dog!”はどのような意味になるでしょうか。普通の人は犬とファックしませんから、「大バカ野郎！」「ふざけるな！」という意味になります。ただし、これも状況によります。“Fuck a dog!”は文脈により、いくつかの訳が生じます。文字どおり、「犬とやっとけ！」という場合もあるでしょう。映画で、みんなが乱交パーティーをしているときに、ダサいやつが入ってきて、「僕も入れてよ」といった場合の返答として“Fuck a dog!”といった場合、「お前なんか犬とやっとけ！」ということから「バカ野郎！」「出てけ！」「帰れ！」「100年早いわ！」というような字幕がつくでしょう。他にもa dogの代わりに、“Fuck a donkey!”“Fuck a duck!”と、ファックすることが考えにくい動物を入れて使うことがあります。いや、一般的にファックの対象として十分に考えられる動物というものはないでしょうから、やはりどの動物でも意味は同じです。

そうはいっても、「言葉が違えば意味も違うはずだ」と譲らない方もいらっしゃるかもしれませんので、少し補足しておきましょう。A donkeyはロバですが、マヌケという意味で使うこともあります。また、a duckはアヒルですが、いい意味での「野郎」「やつ」といった意味があります。のろけた感じでいう、「こいつ～」くらいの感じでしょうか。「いい人」「愛する人」の意味もありますから、donkeyとは少しニュアンスが異なります。いずれにせよ、その動物とファックしろといっているのですから、「お前にはそれくらいがぴったりだよ」というような含みがあるはずです。深読みすれば、その動物と同程度の生き物（存在）として扱っているのです。

以上、長々と説明してきたのに申し訳ありませんが、要するに“fuck動物”に深い意味はありません。バカにされているのだなとわかれば十分ですので、意味を気にする必要はありません。ちなみに、duck の場合は fuck と ck の音が同じで韻を踏んでいるため、しばしば好んで使われるのでしょう。Fuck a duck（ファッカダック）!

他の単語と結合してさらにガラの悪い言葉になるfuck

次は名詞の fuck を使いこなすにはどうしたらいいか、学んでいきましょう。Fuck は名詞（セックス、セックスの相手、嫌なやつの意）で以下のように使います。

Flying fuck!（どうでもいいこと、どうでもいい人）＝I don't give a flying fuck.
What a stupid fuck!（なんてバカ野郎なんだ！）
What a dumb fuck!（なんてバカなんだ！）
What a stingy fuck!（なんてケチなやつだ！）
He is such a fuck-up.（役に立たないやつ）
I don't give a fuck.（どうでもいい）

Fuck は他の単語と結合してひとつの単語として扱われることもあります。表現は違えども、以下すべて、バカ野郎の意味で使われます。多少ニュアンスは異なるのですが、相手をバカにしていることに変わりありません。

fucktard = fuck + (re)tard
fuckstick = fuck + stick
fuckwit = fuck + wit
fuckhead = fuck + head
motherfucker = mother + fucker
fuckface = fuck + face

すべて造語になるのですが、fucktard（fuck + retard）の tard は retard（発育が遅れている）の意味で、それを fuck で強調しています。Fuckstick（stick = dildo）の stick は dildo（バイブレーター、いわゆる大人のおもちゃ）の意味です。Fuck は概ね性に関する単語と相性が良いので一緒に使われることが多いです。Wit は知恵、機転の意味です。

それがfuck（クソ）なわけですから、知恵のないという意味になります。

映画で頻繁に使われるガラの悪い言葉としてはdick＋head＝dickheadという単語があります。Dickは「チンコ」、headは「頭」を意味しますから、「チンポ頭」という感じでしょうか。つまり、fuckhead（fuck＋head）はバカ野郎を意味します。チンコは悪口の基本なのかもしれません。たとえばprickは「チンコ」の意味ですが、"You are a prick."（チンコ野郎＝バカ）のように使います。話を戻します。Motherfuckerはfuck同様、-ingをつけて使うことがあります。

Call a motherfucking ambulance!（救急車を呼べ！）

Fuckerはバカ野郎、ペニスを意味します。Motherfuckerやfuckfaceは「あの野郎」「あいつ」「クソ野郎」「ボケ」のように人を意味します。"Hey, motherfucker!"のように、呼びかけにも使います。Motherfuckerやfuckfaceは名前のように文の最後につけて使うことが多いです。Fuckfaceは辞書には「嫌なやつ」の意味で掲載されていますが、どちらかといえば、名前の代わり、もっといえば「そこの間抜け面」のような意味で使われていることが多いように思います。

Fuckを使ったさまざまな「バカ野郎！」表現

繰り返しになりますが、fuckはスラングであり、非常に限られた場面でしか使われません。国賓が使うような言葉ではなく（使ったら外交問題になります）、主にアウトローが、非合法的なシーンで使うことが圧倒的に多いのです。ですから学校で習った文法に当てはまるとは限りません。つまり、非文法的な文章が多数出てくるのです。“You idiot!”（お前、バカ！）のようにbe動詞がない文も多々見受けられます。

文になるためには本来、主語と動詞が必要です。主語は命令文の場合、省略されますが、動詞が省略されるなんてあまり聞いたことがないのではありませんか。文法的にはbe動詞の省略も間違いではありませんが、教科書ではほとんどお目にかかれません。以下、多少のニュアンスの違いはあるものの、すべて「バカ野郎」を意味します。

You fucking idiot!（idiot＝バカ）

You fucking jerks!（jerks＝バカ、マヌケ）
You fucking bastard!（bastard＝非嫡出子、嫌な人）
You fucking prick!（prick＝チンコ）
You fuckwit!（fuckwit＝知恵がない、機転が利かない）

他にも、いったが最後、間違いなく喧嘩になる表現を挙げておきます。

You fat fuck!（デブ野郎！）
You fat pig!（ブタ野郎！）
You fucking traitor.（裏切者！）
You fucking worm!（お前、虫けらみたいだな！）
You little-dicked motherfucker.（チンコのちっちゃい野郎だな）

ガラの悪い人は間投詞のfuckを事あるごとに叫ぶ

実際には、fuck は動詞よりも間投詞として使われることが多いです。主に、失敗したときに使います。「クソッ」「畜生」という感じで使います。単独で使われますから、意味がわからないなんてことはないでしょう。

ガラの悪い人の場合、こんな感じです。ジュースをこぼしたとき、足の小指をどこかにぶつけたとき、爪を深く切りすぎたとき、運転中赤信号で車を停止したとき、蚊に刺されたとき、周囲に人がたくさんいて混雑しているとき、つまりちょっとでも気に入らないことがあったら、"Fuck! Fuck! Fuck!"と連呼します。近づかないほうが無難でしょう。また、fuckingやthe fuckの形で使われることも多いです。Fuckingはfuckに-ingをつけて形容詞もしくは副詞として使います。形容詞の場合、名詞の前に置かれます。以下、品格のない例を羅列します。

fucking pigs：クソ豚／fucking psycho：クソサイコ／a motherfucker：バカ野郎／a father fucker：（超絶）バカ野郎／a fucking cop：デカ、ポリ（警察官を意味する）／a big fucking boat：クソでかいボート／a huge fucking clock：クソでかい時計／a fucking blowjob：すげえフェラチオ（うまいか下手かのどちらか。もしくは行為自体を蔑んでいる。文脈による）／the biggest fucking jet：すげえでかいジェット機／all fucking day long：めっちゃ長い1日／fifteen fucking years：15年も、15年しか（文脈による）／two fucking minutes：2分も、2分しか（文脈による）／two fucking days：2日も、2日しか（文脈による）／my fucking dick：俺のチンコ／my fucking balls：俺の金玉／nice fucking friend：クソいい友だち／fucking a piece of paper：紙切れ

Fuckを使う場合の声のトーン

Fuckを使うときは声のトーンに注意すべきです。もちろん"Fuck you!"などの表現は声のトーン云々以前の問題で、たとえ落ち着いた囁(ささや)くようなトーンでいったとしても喧嘩を売っていると受け取られます。英語は、日本語とは異なり、はっきりと強弱をつけますから、特定の単語が強く発音されます。Fuckが強く発音されれば、さらにオフェンシブ（攻撃的）に聞こえます。残念ながら、fuckは非常に強い言葉なので強い発音になってしまうのです。以下の例文をご覧ください。下線部は強く発音する部分です。

I hate Miranda.（私はミランダが嫌いだ）

I hate Miranda very much.（私はミランダがとても嫌いだ）

I fucking hate Miranda（私はミランダがすげえ嫌いだ）↓最上級に嫌い。

どうでしょう。Fuckingが入るとfuckingがどうしても強く発音されてしまいます。それまで強く発音していたhateが弱々しく聞こえます。繰り返しになりますが、fuckingは形容詞もしくは副詞として用いられます。意味としては「強意」ですから、「とても」「すごく」という意味になります。

(A) I fucking hate Miranda.

(B) I hate fucking Miranda.

（A）はhateを修飾していますので、「とても嫌いだ」という意味になります。動詞を修飾しているので副詞です。一方、（B）はMirandaを修飾していますので、「クソミランダ」という意味になります。名詞を修飾しているので形容詞です。嫌いは嫌いなんだけれども「嫌い」を強調するか「ミランダ」を強調するかによってfuckingの位置が変わります。

Fuckの発音で注意しなければならないのはリエゾンのケースです。先述した“Fuck a duck（ファッカダック）!”もそうですが、他の例も挙げます。Fuck around（バカなことをする、いろいろな人とやりまくる）は「ファック・アラウンド」ではなく「ファッカラウン（ド）」になるのです。念のため、リエゾンの説明をしておきましょう。リエゾンとは、続けて発音したときに音がつながる現象です。Fuck aroundの例では、前の単語のkと後の単語のaがローマ字読みされ、kとaで「ka」になります。簡単にいってしまえば子音＋母音をローマ字読みするのです。このように連結することで、音が変わってしまい聞き取れないのです。

ちょっと変わったfuckの使い方

The fuckはin the worldやon earthのように強調するために用いられます。The fuckは挿入する位置に注意が必要です。挿入する位置はほぼ決まっています。The fuckが文頭や文尾に使われることは稀で、主に熟語や定型表現の間に割り込む形で使用されます。後でご紹介しますが、稀にひとつの単語の間に割り込ませる場合や、名前と名字の間に挿入する場合もあります。Fuckingも同じように熟語などの間に挟み込むことがあります。

Who are you? → Who the fuck are you?（お前は誰だ？）
Wake up! → Wake the fuck up!（起きやがれ！）
Back up! → Back the fuck up!（援護しろ！）
Chill out. → Chill the fuck out.（落ち着きやがれ）
Get up. → Get the fuck up.（起きやがれ）
Hurry up. → Hurry the fuck up.（急ぎやがれ）
Come back here. → Come fucking back here.（ここに戻ってきやがれ）
No problem. → No fucking problem.（問題ねえよ）
No way! → No fucking way!（あり得ねえ！）
Same thing. → Same fucking thing.（同じことじゃねえか）
Give me a break! → Give me a fucking break!（いい加減にしやがれ！）

Holy shit!（マジか?）→Holy fucking shit!（信じられねえぜ！）

None of your business. →None of your fucking business.（お前には関係ねえよ = Mind your own business. →Mind your fucking own business.）

a bit late →a bit fucking late（ちょっと遅れてるぜ）

I don't know. →I don't fucking know.（知らねえよ）

I told you. →I fucking told you.（いったじゃねえか）

実際に会話で使うとしたら、こんな感じです。

A: What the fuck does it mean?（どういう意味だ?）

B: I don't fucking know.（知らねえよ）

A: What the fuck are you doing here?（ここで何してやがるんだ?）

B: I need to fucking study.（勉強しねえとやべえんだ）

A: What the fuck are you thinking?（何を考えてやがるんだ？）

B: Fucking nothing.（何も）

A: Where the fuck are you going?（どこ行くんだ？）

B: Fucking home.（家だよ）

A: What the fuck are you talking about?（何を話してやがるんだ？）

B: We're talking about the motherfucker behind you.
（お前の後ろにいるバカ野郎の話だよ）

A: What the fuck is going on?（何がおきてるんだ？）

B: Fucking hide-and-seek.（かくれんぼやってんだよ）

以上、文の途中に挿入するパターンを見てきました。それでは非常にユニークな使い方ではあるのですが、ひとつ単語の間に挿入するパターンを見ていきましょう。以下のように、使われる単語はほぼ決まっていますが、自分で作ることも可能です。

hoorah → hoo-fucking-rah（よっしゃーー！）
absolutely → abso-fucking-lutely（そのとおり！）
fantastic → fan-fucking-tastic（すばらしい！）
delicious → de-fucking-licious（うまい！）
tremendous → tre-fucking-mendous（でかい！）

では次に、fuckingを氏名の間に挿入するパターンを見ていきましょう。この場合、人物の名前はある程度の有名人である必要があります。テレビでよく目にするとまではいかなくても、特定のスポーツの第一人者であったり、クラスのマドンナであったり、マヌケで有名な人であったりする必要があります。強いて日本語でいうのであれば「お前は○○か！」という感じです。学校の先生でもないのに先生のように説教してくる人に向かって「お前は金八か！」という感じです。

Donald Trump → Donald fucking Trump（トランプの野郎）
Michael Jackson → Michael fucking Jackson（マイケルの野郎）
Paul Newman → Paul fucking Newman（ポール・ニューマンの野郎）
Jesus Christ → Jesus fucking Christ（たまげたぜ）

宗教関連の単語は使用上の注意が必要です。
実際に会話で使うとしたら、こんな感じです。

A: Who did you take a picture with?（誰と写真撮ったの？）
B: Michael fucking Jackson（聞いてビックリ、マイケル・ジャクソンだぜ！）

ちょっとふざけたfuckの使い方

Fuckとwhatは、はじめの音が息を吐き出す音なので音が少し似ています。そこで、whatをfuckに置き換えたりします。Thankとfuckも韻を踏んでいますので置き換えたりします。

What time is it? → Fuck time is it?（何時だ?）
What's your name? → Fuck's your name?（名前は?）
Thank you very much. → Fuck you very much.（ありがとよ）

実践編① 挨拶で使う「fuck」

それでは、これまでのまとめとして、シチュエーション別でfuckをどう使えばいいか、実践的に考えてみましょう。学校で習う挨拶は“How are you?”ですね。挨拶は他にも“How have you been?”“What's up?”など状況によって多数の表現が存在します。Youは砕けた表現ではyaとなります。“How are you?”の代わりに“How are ya?”と表現することもあります。“See you.”と同じ「またね」の表現に“Catch you (later).”がありますが、これも“Catch ya.”となることがあります。

挨拶でfuck/fuckingを使うとなれば、“How are ya?”にthe fuckを挿入して、“How the fuck are ya?”となります。日本語にすると「ちょーし、どーよ?」という感じでしょうか。The fuck は強調ですから、使い方は皆さんが学校英語で習った on earth や in the world と同じです。

What are you doing?（何をしているのですか？）

What on earth are you doing?（一体、何をしているのですか？）

What the fuck are you doing?（何してやがるんだ？）

いかがですか。挿入する位置は同じですよね。ちなみに "How the fuck are ya?" に対する応答は "Fucking great!"（めっちゃいいぜ！）など、やはり fucking を使うとしっくりくる感じです。もうひとつ覚えてもらいたいのは、英語では発音しない g の綴りの部分をアポストロフィーに置き換えることです。fuckin' は fucking の省略です。

goin' / walkin' / fuckin'

挨拶は手短なほうが良いと考える人が多いため、挨拶においてはよほど特別な事情がある場合を除き、fuckは使わない人が多いかもしれません。"Yo!"や"What's up?"で済むのをわざわざ"What the fuck is up?"と長くする必要はありません。従ってfuckを使った挨拶は非常に限られてしまうのが実状です。無理やり挨拶にfuckを盛り込もうとするのは、考えものですね。

実践編② うれしいときに使う「fuck」

Fucking brilliant!（すばらしいぜ！）
Fucking amazing!（驚きだぜ！）
Fucking awesome!（すげえな！）

基本的には前述のように、単に強調したい言葉（この場合は、うれしいときに使う言葉）の前にfuckingをつけてください。最近では否定の意味の言葉が、正反対の意味で使われることがあります。すでに述べたように、たとえば、wickedやsickは、本来は否定的な意味で使われますが、「非常に良い」という意味で使われることがあります。"Fucking wicked!"や"Fucking sick!"といわれたら、すごく良いのかすごく悪いのかわかりません。今どきの格好をした若者がいうのであれば、良い意味だなと判断するしかありません。目の前に大金が積まれており、「ボーナスだよ」といわれたら多くの人が喜ぶことでしょう。すごくうれしいときは"Holy fuck!"といいます。本来は"Holy shit!"といいますが、shitをfuckにして強調しています。

実践編③ なにげなく使う「fuck」

攻撃的に相手を侮辱するわけでもないのに、なにげなくfuckを使うこともあります。「やろうぜ！」「しょーがねえよ」「おいおい、ちょっと待てよ」「クソでかいな」というようなときは、相手を侮辱しているわけではありませんね。何気なく使えるfuckを見ていきましょう。

I fucking owe you.（借りがあるからな、借りができちまったな）

I got a motherfucking job.（どうでもいい仕事ができたぜ）

Say fuck for me.（ファックって伝えてくれ）

※本来は、Say fuck to 相手 for me.が正しい文章ですが、「to 相手」が省略された文

です。「私のために」fuckといっておいてくれという感じです。

Say fucking hello to her.（ヨロシクいっといてくれ）

That's a fucking great car.（すげえ車だな）

That's the coolest fucking story.（めっちゃクールな話じゃねえか）

You're no fucking chef.（お前は調理師じゃないだろ）

※最後の文章は、状況にもよりますが、「何やってるんだお前は」「知ったかぶりするんじゃねえよ」という意味で使ったりします。

実践編④　愛を告白するときに使う「fuck」

アメリカ社会では、はっきりと物事をいわなければ通じないことが少なくありません。移民国家、多民族国家ですから、相手に伝えるためにははっきりと主張するしかないのです。好きな場合は好き、かわいいと思ったらかわいいと伝えないと気付いてもらえません。愛の告白でfuckを使うケースはあまりないかもしれません。好きなのか、ディスっているのか、判然としない恐れがあるからです。

とはいえ、おそらくガラの悪い人たちであれば普通に使うかもしれません。普通の人の場合、照れ隠しに、おどけて使うかもしれません。一体、愛を告白するときにfuckを使うと、効果のほどはどうなんだろう、と我ながら思ってしまいます。しかし、やはり効果は、その場の雰囲気や発言者のキャラクター次第でしょう。なんか投げやりな言い方ですが、大成功するか、大失敗するかどちらかのような気がします。実際に会話で使うとしたら、こんな感じでしょうか。

You are fucking beautiful.（お前はすげえきれいだぜ）
I fucking love you so much.（お前のことがめっちゃ好きだ）
You are fucking sweet.（最高だぜ）
I'm fucking in love with you.（恋に落ちてるぜ）
I love you from the fucking bottom of my heart.（心の底から愛してるぜ）
I can't fucking live without you.（お前なしでは生きていけないぜ）
It's fucking fun to be with you.（お前と一緒にいるのは楽しいぜ）

実践編⑤ 場を和ませるときに使う「fuck」

実際に会話で使うとしたら、こんな感じでしょうか。

Have a nice fucking honeymoon.（ハネムーン楽しめよ）

うらやましいぞ、この野郎！ みたいなノリでいえば笑う人もいそうな表現です。このような表現はシチュエーションによってピタッとはまることが多いといえます。たとえば、マフィアが敵に対して発言した場合、「ハネムーン中に何かが起こるぞ」と暗示している可能性があります。

Have a nice fucking trip back to Jersey.（ニュージャージーまでいい旅をしな！）

こちらもniceという単語が入っていますから気遣いをしている感じがします。親友が家に帰るときにいえばちょっと面白く感じるかもしれません。しかし、「とっととニューヨークを離れてニュージャージーの田舎に行け」であるとか、「帰る途中、何があっても知らないぞ」というニュアンスがあることも、否定できません。うまく使用すればそれこそナイスですが、失敗したら人間関係が終わることでしょう。

Here's your fucking double burger.（てめえのダブルバーガーだぜ！）

コメディでは、上品そうなウエイトレスがこのような言葉を発することがあります。上品な感じの人がいうから面白いのであって、ガラの悪い人がいえば、単に品格のない発言で、意外性ゼロであることをおさえてください。余談ですが、ウエイトレスという言葉は、現在男女の差別をなくすという観点から、server（給仕人）と表現します。さらに、最近では○○マン（man＝男性）というような表現はどんどんなくなってきています。マンホールでさえ、メンテナンスホール（maintenance hole）に名称を変えようという動きがあるくらいです（冗談ではなく！ どこまで言い換えるのでしょうか）。それでは、以下の表現をご覧ください。

― Fucking happy birthday!

1のようにいわれると、「クソ誕生日!」「誕生日なんて」という感じになりますが（投げ捨てる感じで言葉が発せられるので、やや攻撃的に受け取られる可能性があります）、バースデーケーキを運ぶ給仕人から2のセリフをいわれたらコーヒーを噴き出してしまうかもしれません。Happyの代わりにfuckingを置いているところが面白さのポイントです。学生が寮で行うパーティーなんかでいえば、笑いが取れるかもしれません。

また、"Excuse me!"というべきところを、"Excuse you!"といえばウケるかもしれません。人ごみのなか、人をかき分けて進んでいくとき、普通は"Excuse me."を使います。excuseは言い訳、許すの意味です。ですから"Excuse me."は私を許してという意味です。そこを、"Excuse you!"というと、あなたを許してという意味になります。つまり、私ではなく、あなたが邪魔ですよという感じです。立場が逆なので少し面白く感じるはずです。

中指を立てる仕草の考察

本章の最後に、fuckとジェスチャーについて説明しておきましょう。中指を立てる仕草を映画やミュージシャンのプロモーションビデオなどで見たことがあるかもしれません。その仕草の意味は基本的に“Fuck you!”だとされているのですが、“Go fuck yourself!”（うるせえ！　失せろ！　黙れ！）など他の意味もあります。要は、相手を侮辱する意味なら何でも当てはまるような感じだと思ってください。

立てた中指はペニスを指し、折りたたんだ人差し指と薬指は睾丸を指しているといわれます。テレビでは立てた中指にモザイクが入ることもあります。先述のdickheadやfucking prickなどの例を見ても、やはりチンコは相手を侮辱する意味合いがありそうです。昔は人差し指を立てていたという説もありますが、いずれにせよ指を立てる行為や指をさす行為は控えるべきでしょう。攻撃的な意図はなくても、そのように見えてしまう可能性がありますから、控えるべきです。私が初めて留学したとき、日本人の女の子が中指をけがして包帯を巻いていました。初老のイギリス人教師（女性）が「中指どうしたの？」と聞いたところ、その女の子は「この指？」といって中指を立てました。その先生は“Oh, my God!”（ネット界隈の略語ではOMG）を連発して卒倒しそうな勢いでした。

ミュージシャンやサーファーなどサブカルチャーを好む人たちの間では、fuckは共通言語のようにも思えます。黒人ミュージシャン、シーロー・グリーンの『fuck you』という曲があります。軽快なリズムに乗せて、セキュリティガードのようないかつい人が、良い声でfuck youを連発してくれます。軽蔑するような感じは一切なく、聞いているとさわやかな感じさえします。ぜひ一度聴いてみてください。

本章ではこれでもかというくらい何度も、fuck＝バカ野郎的な表現を紹介してきましたが、いい加減、食傷気味だという方もいるでしょう。実は、私もです。Fuckの考察はこの辺で終わりにしましょう。次章では、ビジネスシーンにおける品格のない英会話、つまり今どき使ってはいけないけれど、つい使ってしまい大問題になるフレーズを紹介し、そのビジネス文化の背景を探りましょう。

第3章 パワハラな英会話

うっかり話すと大問題になってしまうフレーズがある

私は現在、大学で講師として英語を教え、大学一般教養教科書の執筆もしていると述べました。その他の経歴を少し述べますと、修士はイギリスの大学院、博士は残念ながら指導教員と反りが合わず取得していませんが、大阪大学大学院医学研究科（単位取得満期退学）で公衆衛生を学びました。その後は医療関連の会社、およびＩＴ関連の会社を経営しました。今ではさまざまな商材を輸出入しています。

取引のある国をざっと挙げると、アメリカ、オーストラリア、韓国、マレーシア、アルゼンチン、パキスタン、フィリピン、ベトナム、ＵＡＥ、ドミニカ共和国など、10か国くらいになるでしょうか。非英語圏の国でも取引相手はアメリカ人であったり、イギリス人であったりしますので、自分でいうのもなんですが、英語と海外ビジネスに曲がりなりにも精通しているつもりです。

海外とかかわりを持ち始めてもう20年以上経ちますが、私が肌で感じるのは日本以外の国の成長です。1年後に再訪したら、街がすっかり様変わりしていることもあります。極端にいえば月単位、週単位で大きく変化しています。昔では考えられないスピードで物事が進んでいるのです。そのスピードに取り残されているのが日本です。

残念ながら世界のなかで、日本はここ20年、何も変わっていないような気がします。それどころかむしろ、世界先進国の基準から取り残され、貧しくなっています。平均年収は減り続け、税負担は増えているのですから当然です。世界における基準は、アメリカ基準であることが多いのですが、日本人は自分の置かれている状況を認識し、これから進むべき道を模索するためにも、もっと外の世界に触れるべきだと思っています。

そのような意味も込めて、この章では、大学教育の現場、そして海外ビジネスなどを通じて学び、体験したビジネスコンプライアンスに役立つ英会話の知識を紹介します。海外ビジネスではどんな会話が品格のないもの、または差別として認識されているのでしょう。うっかり話すと大問題になってしまうフレーズ（ハラスメント）が、日本人の感覚では異なる場合もあり衝撃を受けるかもしれませんが、現実にビジネス英会話をするうえで大事なことなので、読み進めてください。

ハラスメントを理解する

ハラスメントは大きな社会問題となっています。今やハラスメントの種類は40種類とも、

50種類以上あるともいわれています。最近では、客が悪質な苦情を繰り返し、対応する従業員を追い詰めるカスハラ（カスタマーハラスメント）や、職場の上下関係を背景にソーシャルメディアを通じて行われる嫌がらせ、ソーハラ（ソーシャルメディアハラスメント）が注目されています。ハラスメントの種類は、これからもどんどん増えていくでしょう。

ネットでハラスメント一覧を調べたら、「いいがかりだろう！」「そんなことまでハラスメントだったらなにもいえないじゃないか！」と憤る人もいるでしょう。しかし、時代が時代ですから、基本的なことはおさえておかないと、職を失う可能性もあります。特に海外駐在員になる方は職を失う程度では済まされない可能性もあります。ハラスメントすべてを網羅することはできませんので、基本的な考え方を理解しましょう。そうすればほとんどのハラスメントに対応できるはずです。

まず、ハラスメントとはなにか、説明します。**「ハラスメントとは、他者に対する発言、行動、態度などが、本人の意図に関係なく、相手に不快感や不利益などを与えること」**です。ポイントは三つあります。

一つ目は、「他者に対する発言、行動、態度など」です。発言や行動だけでなく、態度という非常に曖昧で判断しにくい条件が入っていることに注意してください。しかも「など」とついているので、範囲はかなり広くなっています。たとえば服装、においなども含まれると考えられます。

二つ目は、「本人の意図に関係なく」という部分です。自分はどのような意図であったかは関係がないということです。たとえ親切心からやったことであっても、無意識にやったことであっても、それは考慮されないということです。つまり、「そんなつもりはなかった」は通用しないということです。

三つ目は、「相手に不快感や不利益などを与える」です。自分がどう思うか、世間がどう思うかは関係がなく、相手がどう思うかということに焦点が当てられます。ハラスメントかどうかは相手の判断に委ねられるので、注意しなければなりません。

定義については、これくらいおさえておけばいいでしょう。次は、運用を見ていきましょう。パワハラ（パワーハラスメント＝power harassment）に、相手の性別は関係がないというのは大事なポイントです。特に、セクハラは男性が女性に対してと考えがちですが、男性の上司が男性の部下に、「風俗に行ったことはあるか」「彼女とはうまくいっているのか」「結婚はしないのか」と聞くことも、部下が不快に思えばセクハラになります。同性でもセクハラになる。これは覚えておいてください。本人はコミュニケーションのつもりでも、相手はそうは思わないかもしれません。

ハラスメントは、物損（机を叩く、コップを割って威嚇するなど）から精神的損害にまで及ぶため、総合的に考える必要があります。運用に関しては、国によって扱いが大きく異なります。日本は甘すぎるくらいで、アメリカ、カナダ、イギリス、フランスと比べると大きな乖離（かいり）があります。日本では最近やっと「使用者責任」という言葉が出てくるようになりましたが、まだそれほど徹底されていないように思います。多くの国で、雇用主は従業員を顧客によるセクハラから守る義務があると明示しています。インターネット上のストーカー（cyberstalking）についても規定があるような、先進的な国もあります。

（注）パワーハラスメントは英語では単に harassment もしくは harassment in the workplace, bullying, abuse と表現します。Power harassment は和製英語とされていますが、実際の会話では、「会社で」「仕事で」のような単語が前後にあるはずですから、ネイティブも理解できます。

ポリティカル・コレクトネスを理解する

この章ではパワハラを扱いますが、ハラスメントは自らの権力や立場を利用した嫌がらせだけでなく、差別でもあります。今、差別において最も注目されているのは、ポリティカル・コレクトネス（political correctness）でしょう。ポリティカル・コレクトネスは通称「ポリコレ」で、英語では「ＰＣ」と略します。差別や偏見を避けるため、政治的観点から適切な言葉を使おうとする動きです。

Chairman が chairperson に置き換えられたり、policeman が police officer に置き換えられたりしたのも広い目で見れば、ポリコレの流れです。日本でも看護婦から看護師、保母から保育士に名称が変わりました。「障害者」の表記を「障がい者」に変更する動きもあります。英語でも the handicapped や the disabled から the physically challenged

やpeople with special needsなどの表現に変わってきています。

ポリコレは、人間以外の生物にも浸透しています。さすがに、人間以外の生物において雌雄は大切ですから、それを訂正する動きはないようですが、名称が差別的である場合は改名されています。日本もその風潮から免れることはできません。たとえば、かつて「メクラウナギ」と呼ばれていた生物がいました。しかしながら、視覚障がい者への差別語だということで魚類学会が改名しました。その生物は、今では「ヌタウナギ」と呼ばれています（学名への影響はありません）。

現代社会においては白黒はっきりさせないほうがいい？

それでは具体的に、質問すると差別になるものを挙げてみましょう。雇用のシーンにおいては、以下の項目を理由に雇用しないことは違法とされています。面接でも、聞いてはいけない質問事項です。日本では逆に、聞いて当たり前という認識のものが、欧米ではNGということがあるのです。基本的に面接は、その仕事に関係ないことは聞いてはいけないことになっています。

たとえば、性別や年齢は基本的にNGです。家族構成や既婚か未婚かを質問するなど、もってのほかです。日本では当然のように聞くことがありますが、気をつけなければなりません。質問の仕方によっては「不適切（inappropriate）」ではなく、「違法（illegal）」となり、処罰の対象や訴訟になる可能性もあります。

- 人種（race）
- 民族（ethnicity）
- 性別（sex, gender）
- 宗教（religion, including religious beliefs）
- 国籍（nationality）
- 言語（language）
- 障がい（disability）
- 年齢（age）
- 既婚／未婚（marital status）
- 家族構成（family structure）
- 犯罪歴（criminal record）

上記の事項については、直接的に質問するだけではなく、情報を引き出すような質問もしてはいけないとされています。身体や生活などに関することを確認する、身体や生活の特徴に言及するのはもちろん、自分の考えを伝える、希望を伝えるときなども、時と場合、表現の仕方によってはハラスメントの可能性があります。それではいくつかピックアップして、見ていきましょう。

〈人種による差別〉

まずは人種差別です。差別のなかで、最も許されないもののひとつといっても過言ではありません。従来のストレートな表現が差別的であるとして、今では婉曲的な表現に変更されているのです。

Black → African American
Indian → Native American
Jew → Jewish

Mexican → Hispanic

Black が African American と婉曲的な表現に変更されているのを見て、察しのいい方はもうわかったのではないでしょうか。世の中には、「白黒はっきりさせようじゃないか」という表現がありますが、どうやら現代社会は、白黒はっきりさせないほうが良さそうなのです。

たとえば、blacklist は起源を辿ると黒人とは関係がなさそうですが、ブラックリストに要注意人物リストというネガティブな意味があること、またその言葉が黒人を連想させてしまうことから、差別語ではないかとの懸念が高まっています。Blacklist の対義語は whitelist であるため、どうしても人種を連想する人が出てきます。時代ではあるのですが、black を使った表現は近年、敬遠されています。

blacklist（ブラックリスト）→ banned
blackmail（ゆすり、脅迫）→ extortion
white lie（罪のない嘘）→ lie

black sheep（厄介者）→ outcast
blackboard（黒板）→ chalkboard

いずれ black hole や Black Jack にも、ポリコレの流れがくるのではないでしょうか。そうなると、色に関する表現はＮＧになります。イエローカードという言葉も黄色人種への配慮が足りないとなり、いずれ消滅するのではないでしょうか。Black market（闇市）も unofficial / illegal market になるかもしれません（underground market にすると、「地下街」になってしまいます）。White elephant（厄介な物）も albatross になるかもしれません（albatross には「戒め」「障害」「妨げ」などの意味がありますから white elephant に近い意味だと考えられます）。

なぜ white elephant が「厄介な物」の意味になるか、説明します。昔、タイの王様は嫌いな家臣に白い象を贈ったそうです。ご存じのように象はたくさんの餌を食べます（現代では、象1頭の年間の餌代は４２０万円だそうです。天王寺動物園調べ）し、飼うためには広い場所も必要です。暴れる可能性もあります。しかし、王様から頂戴した象を捨てたり、殺したりすることはできません。このようなエピソードから、white elephant は厄介な物の意味になったといわれています。

Black sheep（厄介者）の由来はさまざまあり、よくわかりません。しかし、羊は白いものが多く、そのなかに黒いものがいれば目立つことは間違いありません。売るときにも価値が低いので厄介なものとされたといわれています。羊の毛は染色されることもあるのですが、黒だけは他の色に染めることができないことからも厄介なものとされたそうです。この表現を使うとレイシストといわれますので、pariah や outcast などの単語にいい換える必要があります。

Jew → Jewish について補足します。なぜ前者が差別的で、後者だと婉曲的になるのでしょう。日本人にはわかりにくいと思うので、説明します。実際には、省略することによって軽視していると考えられているのです。日本人のことを英語で Japanese といいますが、省略して Jap といわれたらどうでしょうか。いい気持ちはしないはずです。Jap は完全な差別語です。Jew も同じことなのです。省略は概してラフな言い方、もっといえば、失礼な言い方なのです。

ちなみに、「外人」が差別語で「外国人」が差別語でないのは、省略の問題ではなく、意味が差別的だからだそうです。「外人」は外の人だから差別的であると考えられているようです。とはいえ、私の知っている外国人の多くは自分で「ガイジン」といっているので、もうガイジンが正式名称でいいような気もします。

私見ですが、アメリカの人種差別構造は、白人>黒人>南米人(主としてメキシコ出身者)>アジア人の順でヒエラルキーになっています。そのような構造になっていますから、移民は差別を受けながら一生懸命働きます。2世もそこから抜け出そうとがんばります。その結果、一番下の階層の人々が社会的地位の高い仕事につき、その割合がどんどん増えていきます。そうすると、白人で社会的地位の低い人たちから妬みややっかみが出てきます。こうして憎悪が生まれ、多民族社会は分断されていくのです。

アメリカで人種は人生を左右する重大な要素

肌の色だけでなく、その他の特徴に言及することも控えなければなりません。たとえば、black eye や curly hair は人種を特定したり、身体的な特徴への言及になったりするので、使用を控える傾向にあります。後者は特徴的な髪質のため、私も何度か日本人が口にするのを聞いたことがありますが、以下のような発言もNGです。

Can I touch your hair?（髪、触っていい？）

アフリカンアメリカンの髪に対しての発言。人種差別、およびセクハラ発言となります。

Black people are good at dancing and singing.（黒人は歌やダンスが上手だよね）

ただの先入観や偏見です。黒人でも歌やダンスの下手な人はたくさんいます。「黒人というだけでゴスペルを歌わされる」とアフリカンアメリカンの友人は嘆いていました。ブラジル人だからサッカーが上手、日本人だから柔道が上手というようなものです。

Your skin is very white.（色、白いね）

日本人が褒め言葉としてよく使っていますが、肌が白いほうが良いというと、裏を返せば、黒は良くないといっているようなものです。肌の色の評価はＮＧなのです。

Mixed kids are cute!（ハーフはかわいいね）

人種に関しての言及はNGです。ハーフでなかったらかわいくないのか！　ともなりますし、そもそも相手を、人種や肌の色を基準にして評価してはいけないということです。たとえほめる意味合いでいったとしても、受け取る側がどうとらえるかわからないのでNGです。ちなみに、ハーフという言葉は、和製英語で通じません。「半分」という意味ですから感じが悪いですよね（half Japanese and half American のようにいえば、通じます）。

ここで非難を覚悟で申し上げます。アメリカで人種は、人生を左右する重大な要素です。もちろん、法律でそのような差別は許されていませんが、現実問題として人種による差別は存在します。入試枠に、かつて黒人枠がある有名大学もありましたが、逆差別だとして現在では廃止されているようです。また、CNNの調査によると、黒人の5人に1人が警察による不当な扱いを感じたと回答しています。白人は、警察から職務質問される頻度が少ないともいわれています。「黒人初の◎◎」はニュースになりますが、「白人初の◎◎」

はニュースになりません。アメリカは白人中心の社会なのです。

また、ハーバード大学のムライナタン教授の研究によると、黒人の名前と白人の名前の履歴書では採用率が大きく異なることがわかっています。以前は、黒人も白人も同じような名前をつけていましたが、近年は黒人特有の名前（Precious, Tiara, Tyrone などはその典型です。個人的には、TもしくはDで始まる単語が多いように思います）をつける傾向があり、一瞥して人種がわかるようになっているのです（もちろん、どんな意図であれ黒人の典型的な名前だよねと指摘するのもNGです）。

日米の履歴書の違いからハラスメントを理解する

「黒人の名前と白人の名前の履歴書では採用率が大きく異なる」という記述について、読者のなかには、「履歴書には写真が貼ってあるから、名前を見なくても、人種は一目瞭然。だから、名前と採用率は関係ないのではないか」と疑問を持った方もいるでしょう。そこで、履歴書について、日米の違いを説明します。

まず、大きな違いは、英米には市販（規定）の履歴書はないということです（自分のテンプレートを持っていて、提出する会社によってアレンジしている人が多いように感じます。デザイン会社へ提出するものであれば、自分のデザイン力をアピールする履歴書を作成するなどの工夫は必要でしょう）。

履歴書に写真を貼る必要がないことも、大きな違いでしょう。次に注目すべきは、経歴や学歴を書く順番が逆になるということです。日本では古いものから順に書きますが、英米では新しいものを先に書きます。つまり、最新の職歴や学歴が一番上に記載されるのです。「お前の古い過去などどうでもいい。今、お前は、何ができるんだ？」という暗黙の質問に対して、ストレートに答えているかのようです。考えてみれば、この履歴書の違いを理解することにより、差別、ハラスメントをより明確に理解できるかもしれません。

繰り返しますが、履歴書に写真は不要です。仕事に人種は関係ありません（実際は、たとえばスペイン語の講師はスペイン語のネイティブのほうが、ネイティブアメリカンに関する講義はネイティブアメリカンのほうが良い、と判断されがちです。見た目が関係する場合もあるのです）。写真を添付しないのは、採用にあたり、人種、性別など、人を外見で判断しないようにするためです。住所だって、部屋番号まで書かなくても大丈夫です。バイト先の店長にストーカーされても困りますからね。

性別も履歴書に不要です。仕事には関係がありません（実際には、女性用下着の販売であったり、女性用更衣室の掃除のように、女性のほうが好ましい場合もありますが、原則、性別を問われませんし、伝える必要もありません）。既婚未婚に関しても、業務には関係がないので不要です。もちろん、家族構成も不要です。そもそも、プライベート（私生活）を聞くこと自体が間違っています。

趣味の記入も不要です。仕事と趣味は関係がありません。しかし、私の知る限り趣味を書く人も少なからず存在します。趣味と仕事が関係しているとアピールする場合や、知的さをアピールする目的で記入しているようです。

手書きは不要である点も特筆すべきです。転職を繰り返す（job hopping）アメリカ人がいちいち手書きの履歴書を書いていたら、日が暮れてしまいます。日本の雇用交渉では、手書きの履歴書を条件にする企業があります。日本はただでさえ生産性の低い国なのですから、手書きの履歴書から早く卒業してもらいたいところです。

至る所でnon-sexist languageを使えといわれる

〈性別による差別〉

話を戻します。男女の区別があるような単語は、中立的な表現に変わってきています。

このような動きを gender neutral や gender inclusive といいます。具体例を挙げます。

人類：man → human, person（human も man が入っているとの指摘もあります）
議長：chairman → chairperson もしくは chair
警察官：policeman → police officer
消防士：fireman → fire fighter
税務官：taxman → tax officer
ビジネスマン：businessman → business person
キーマン：keyman → key person
セールスマン：salesman → sales person もしくは sales rep（representative の略）
スポークスマン：spokesman → spokesperson
郵便配達員：mailman → mail carrier
カメラマン：cameraman → photographer
客室乗務員：stewardess → flight attendant

ウエイター／ウエイトレス：waiter/waitress → server
ホスト／ホステス：host/hostess → host
俳優／女優：actor/actress → actor
マンパワー：manpower → workforce もしくは staff
マンホール：manhole → utility hole もしくは maintenance hole
普通の人：man in the street → average person
スポーツマンシップ：sportsmanship → fairness
先祖：forefather → ancestor

他にも political incorrect（政治的観点から不適切）であり、修正すべきだといわれている言葉は数え切れないほどあります。たとえば、man-made（人工の）は synthetic（合成の）や artificial（人工の）に、history は his+story だから annals や record（herstory ではない）に修正すべきであり、Manhattan は man が入っているから Big Apple にすべきだ（ニューヨークは Big Apple とも呼ばれています）、などの見解があります。

このままいくと、いずれ Batman や Superman も Bat person や Super person になってしまいそうです。至る所で non-sexist language を使えといわれていますが、さすがにここまでくるといきすぎのような気がします。

「若く見える」ことを成熟していないととらえる人々〈年齢による差別〉

年齢に関した質問をすることは、年齢による差別につながるので許されません。

How old are you?（何歳ですか？）

このように直接的に聞くのはもちろん、間接的でもＮＧです。それでは、雇用における面接ではなく、日常において、小さい子どもに年齢を聞くとしたらどうでしょう。それは問題ありません。ただし、しつこく絡んだり、接触すると、小児性愛者（pedo: pedophile）だと思われる可能性がありますから気をつけてください。自分にはそのつもりがなくても「相手がそう思えば……」というのがハラスメントのルールです。年頃の子どもや大人に向かって聞くのは、やめておきましょう。

話の脱線ついでに、年齢の話を続けます。世界基準ではプライベートでも、相手の年齢を聞くことはまずありません。ただし、定年間近のサラリーマン同士が、「俺、60歳だから今年定年だよ」みたいな会話をすることはあります。アジア圏であれば、年齢を聞くことはよくあります。なかでも、日本人は年齢の話題が大好きです。日本人同士による年齢を話題にした会話は、次のような展開になることがあります。たいてい私は、その会話を横で聞いているだけですが、この会話を聞かされるのが嫌いです。

A：「おいくつですか」

B：「いくつに見えると思う〜？」

（横で聞いている私は、この時点で「答えろ！」と思っています）

A：「40歳くらいですか？」

B：「今年、か・ん・れ・き（還暦）〜」

A：「え〜、見えない！　全然、若く見えますよ〜！」

この後は、「努力なんて、何もしてないのよ〜」という返答か、美容液、美顔器、サプリメントの営業が始まる場合もあります。私がこの会話に巻き込まれたときの話をしましょう。「いくつに見える?」と聞かれた私は、聞いてくるくらいだから相当若作りしているのだろうと、本気で考え、当てにいきます。そして見事正解し、場を気まずい雰囲気にするのです。このパターンを学習せずに、何度も同じことを繰り返しています。あるときは美容学校の校長先生を、あるときはアーティストを怒らせてしまったこともあります。もちろん、聞かれない場合、余計なことはいいません。しかし、聞かれたら、相手が聞きたい答えではなく、思ったことを真剣に答える、このポリシーは今でも変わっていません。

このエピソードで、私が何をいいたいのか、話をまとめます。若く見えることを喜ぶのは男女に限らず、アジア人に多い気がします。私の知人のイギリス人やオランダ人は「若く見える」といわれると、あからさまに不快な表情をします。理由を聞くと、若いということは成熟していない (immature) とも考えられるため、屈辱的だというのです。年相応に見られるのが一番ということなのでしょう。老化に無理に逆らおうとするよりも、それを受け入れ、寄り添って生きていこうとする人も世界にはたくさんいます。そのほうが、自然で気も楽だと思うのですが。

（注）世界には定年がある国とそうでない国があります。国家公務員制度改革推進本部事務局の資料によると、アメリカ、イギリスには定年制度がなく、ドイツ、フランスには定年制度が存在します。定年のない国では、年金をもらい始める年齢に達したときに退職する人が多いことから、その年齢が実質的な定年と考えられます。

年齢差別を避けるにはどう伝えればいいのか

雇用の場における、ハラスメントな質問に話を戻します。

What year were you born?（何年に生まれましたか?）
What year did you graduate?（何年に卒業しましたか?）
When did you first start working?（最初に働き始めたのはいつですか?）

これらの質問は、就職の面接で当然必要なものだと思うかもしれませんが、年齢差別になる可能性があります。例外として、お酒を提供する場所で働くなど年齢制限がある場合、条件をクリアしているか確認するために年齢を聞くことができます。ただし、「何歳ですか」というダイレクトな質問はいけません。あくまでも、次のように既定の年齢をクリアしているか否かを聞くだけです。

Are you over the age of seventeen?（18歳以上ですか？）

17歳を超えているということで「18歳以上」になります。Are you over seventeen? や Are you eighteen and over? も、「18歳以上ですか？」の意味になるので、許される質問（acceptable questions または permitted questions）となります。

それでは、次の表現を見てください。どこが問題か、わかりますか。

You are too young.（あなたは若すぎますね）

一見、問題なさそうな表現ですが、年齢による差別は禁じられていることを、思い出してください。この場合のtooは「とても〜」という意味ではなく、「度を越していてだめだ」という意味です。その証拠にtoo〜to〜…をso〜that〜…not〜…で書き換える構文を習ったと思います。Notが入っているということはtooに否定の意味があるということになります。ダイレクトに質問すると、このように回答してしまう可能性もあるので、先述のように「既定の年齢をクリアしているか否かを聞くだけ」が正解なのです。それでは、「高齢者」はどうなるでしょうか。「高齢者」には配慮して、次のような表現をしなければなりません。

old people → senior citizen

そんなに厳密にしなくてもいいのでは、という日本人は多いでしょうが、実際に年齢による差別は横行しています。シリコンバレーに40代、50代の人が求職した場合、たとえ有能であったとしても、採用される確率はかなり低いといわれています。高齢であっても、有名人であれば採用される可能性は高いですが、少しできるくらいの人では年齢による差別に打ち勝つことはできません。アメリカの年齢差別の資料に目を通したところ、40歳が年齢差別の境目になっている印象を受けました。配慮するに越したことはないのです。

日本人が知らない差別になる英会話

〈宗教による差別〉

宗教による差別ももちろん許されません。多種多様な民族が暮らしているアメリカには、さまざまな宗教の人がいるので、特定の宗教がすべてを代表しているかのような表現は配慮しなければなりません。最近では、アメリカ政財界の主要人物（キリスト教徒）によるクリスマスの挨拶も、「メリークリスマス！」ではないことが増えてきました。

Merry Christmas! → Happy Holidays!

〈外見による差別〉

外見による差別ももちろん許されません。そこで、fat（デブ）、short（チビ）は、以下のような表現になります。

fat → differently sized, metabolic overachiever
short → vertically challenged

しかし、婉曲的な表現のほうがかえって相手を不快にさせてしまうのではないか、つまり慇懃無礼で嫌な感じがするのは私だけでしょうか。

How much do you weigh?（体重は何キロですか？）

このように体重（身体的な特徴）を聞くことも許されません。しかしながら、米政府内の独立機関である雇用機会均等委員会（人種、宗教、性別などのあらゆる雇用差別を防止するための行政活動をする機関。U.S. Equal Employment Opportunity Commission）のガイドラインには明示されていませんが、体重を聞いてもいい場合があります。
たとえば、高所作業で足場を支える台の最大荷重が80kgである場合、80kgを超える体重の人が作業すると大変危険です。したがって、その場合は体重を聞かなければなりませんが、上記のようにダイレクトな質問をすべきではありません。80kgを超えるか否かを聞けばいいわけです。しかも、興味本位で聞いているのではなく、次のように業務上の必要から聞いていることを伝えると適切な質問になるはずです。

The maximum load of the step you will work on is 80kg.
（あなたが作業するであろう足場の最大荷重は80 kgです）
Are you qualified to work on it?（その上で安全に働くことはできますか?）

もしくは、次のような質問でもいいでしょう。

Is it possible for you to work on it safely?
（その上で安全に働くことは可能ですか?）

業務上の必要性がある場合は、一般的に不適切であると考えられている質問であっても聞くことができます。ただし、聞き方に注意しなければなりません。繰り返しになりますが、先ほどの体重の例では、なぜそのような情報が必要か説明したうえで、それに適合するかどうかを問うています。間違っても具体的な体重を聞いてはいけません。

〈障がいに関する差別〉

こちらも業務を遂行するために必要とされることは聞くことができます。障がいに関する表現は、より婉曲的な表現に変わってきています。

身体障がい：disabled → physically challenged
視覚障がい：blind → visually impaired
聴覚障がい：deaf → hearing impaired

〈経済状況などによる差別〉

経済状況などによる差別も許されません。

貧困：poor → economically marginalized
路上生活者：homeless → outdoor urban dwellers

失業：unemployed → economically inactive

アメリカの白人は豊かそう、少なくとも白人はアメリカの中間層を形成しているのだろうというイメージを持っている人がおられると思いますが、アメリカの中間層の没落はひどい状況です。日本にいては今ひとつ見えにくいのですが、アメリカは病気など、ちょっとしたことがきっかけで一気に転落してしまうような、危うい社会構造になっています（日本も似たようなものですが）。白人であればそこそこの生活ができたなんていうのは過去の幻想で、今は極言すれば、お金持ちの白人と貧乏な白人しかいません。

アメリカの貧しい白人労働者階級の貧困問題を知るのに、最適なテキストがあります。J.D.ヴァンス著『ヒルビリー・エレジー　アメリカの繁栄から取り残された白人たち』（光文社）です。これは、「なぜトランプはアメリカ大統領になったのか？」という問いに答える書としても、一読の価値があります。タイトルにある「ヒルビリー」という言葉は田舎者という意味ですが、その他にアメリカの貧困白人は、「レッドネック（首すじが赤く日焼けした田舎の白人農場労働者）」「ホワイト・トラッシュ（白いクズ）」と呼ばれることもあります。

貧困者は貧困の連鎖のためだけでなく、貧困から抜け出すために受けた教育のローンが重荷となりさらに貧困になることがあります。日本では「奨学金」と呼ばれていますが、アメリカではずばり、student loan と呼びます。この貸付残高は恐ろしい数字になっています。大和総研の「米国の家計負担の推移」を見ると、学生ローンが最も多く、2017年で約1・3兆億ドルもあります。ビジネスですから、利子もかなりつきます。第二のサブプライムになるのではないかとの懸念も生じています。

〈職業による性差別〉

職業による差別も許されません。

主婦：housewife → domestic engineer, homemaker

売春婦：prostitute → sex worker

Prostitute はどちらかといえば「売春婦」ではなく、「娼婦」に近い表現です。イメージが悪い表現なので、変えたのでしょう。もっともそれ以前の問題として、「婦」は基本的に女性を表しますから、性差別表現でもあるわけです。法律で認められていれば、男性が売春をしてもよいのですが、その場合、prostituteは「娼婦」「売春婦」のように女性を指しますから、いずれも適切ではありません。そうなると中立的な表現が必要となってきます。そこで出てきたのが、直接的な表現ではあるもののニュートラルな"sex worker"です。差別と偏見に満ちた職業ではあるのですが、近年、ヨーロッパのいくつかの国では、職業として認められているそうです。税金も納め、保険にも加入して、他の職業と同じ地位を得るようになってきました。

〈犯罪歴に関する差別〉

日本では犯罪歴を聞くシチュエーションはあまりないように思います。基本的に、相手に犯罪歴がないという前提があるからかもしれません。しかし、アメリカでは一度くらい捕まったことがあるという人は、地域や属性にもよりますが、それなりにいます。面接をする雇用主としては、犯罪歴を聞いておきたいところですが、次のような質問はNGとされています。

Have you ever been arrested?（逮捕されたことがありますか?）
Have you ever spent a night in jail?（刑務所で一夜を過ごしたことがありますか?）
Have you ever been caught driving drinking?
（飲酒運転で逮捕されたことがありますか?）

しかし、次の質問はＯＫです。違いがわかりますか。

Have you ever been convicted of a crime?（有罪判決を受けたことがありますか?）

前者と後者のどちらが失礼な質問かというと、どっちもどっちのような気もしますが、アメリカでは、前者の質問はインフォーマル（arrest, jail, catch）な質問で、後者はフォーマル（convict, crime）な質問となっています。

つまり、前者は「ムショ」「塀のなか」「おつとめ」「シャバの空気は……」などのような砕けた言い方になっていますので、ふざけている感じがするのでしょう。それに対し、後者は真面目に犯罪歴について聞いている感じがします。さらに、後者は有罪判決を受けたかどうかだけを聞き、具体的な内容については踏み込んで聞いていません。政治的に正しく、ハラスメントにならないよう犯罪歴を質問するのは、難しいことですね。

「週末は働けますか」と質問してはいけない

日本でパートやアルバイトに応募すると、たとえば採用担当者から、次のような質問をされます。

Can you work on weekends?（週末は働けますか？）

これはNGです。なぜでしょうか。それは、間接的に宗教に関する質問をしていることになるからです。日曜日に教会に行くか聞いているのと同じことだ、と判断されるのです。

Can you work evenings?（夕方働けますか？）

これもNGです。幼い子どもがいるのではないかとか、家庭に事情があるのではないかということを間接的に、探るように聞いていると判断されるからです。また、夕方という表現が曖昧で、何時のことかはっきりせず、後々トラブルになる可能性もあります。

読者の皆さんからは、「ちょっと待て！　相手の意向を聞いているだけじゃないか。それに、こんなにNGが多くては面接できないじゃないか！」「採用担当者がアルバイトにきてもらいたい時間帯を伝えて何が悪い？　なぜ、そんなに気を使わなければならないのか」というお叱りの声が聞こえてきそうです。私もそう思います。しかし、先述の質問の仕方だと、「間接的に宗教に関する質問をしている」と判断されてしまうのです。冗談ではなく、これが現実なので向き合わなければなりません。海外で仕事する方だけでなく、日本も少子高齢化社会となり外国人労働者が増えているので、大袈裟(おおげさ)かもしれませんが、世界基準（アメリカ基準）は知っておいたほうがいいでしょう。それでは、許される質問に変えてみましょう。

What days can you work?（何曜日に働けますか？）
What days and shifts can you work?（何曜日の何時に働けますか？）

Are there shifts you cannot work?（働くことができない時間帯はありますか？）

「ちょっと待て！　ほとんど一緒じゃないか！」とまた叱られそうですが、違います。違いがどこにあるかわかるでしょうか。前者は、特定の時間帯を挙げて、「夕方働けますか」と聞いているので、プライベートに踏み込んでいます。また、はっきりした時間がわかりません。それに対し、「何曜日に働けますか？」という聞き方であれば、相手の自由意志を聞いているだけ、ということになるのです。警察の取り調べではありませんが、肝心なことは応募者の口からいわせなければならないということです（すごく面倒くさいですね）。それでは、政治的に正しいアルバイト採用の会話例を紹介します。

面接官：What days can you work?（何曜日に働けますか？）
応募者：I cannot work on Sundays.（毎週日曜日は働けません）
But I can work weekdays.（でも、平日は働けます）

ここで面接官が、「ああ、日曜日は教会に行くんだな」と心のなかで思うのは自由ですが、決して口にしてはいけません。宗教に関することは、一切質問すべきではありません。たとえ同じ宗教だろうと思ったとしても、雇用に際して質問することは厳禁です。日本人の感覚からすると、同郷であったり、同じ大学だったりすると一気に距離が縮まり、ついいろんなことを聞いてしまいそうですが、そういう感情は捨ててください。自分の身を守るためです。

「変わった名前ですね」と話を進めてはいけない

質問そのものではなく、質問のタイミングが問題になる場合もあります。たとえば、emergency contact name（緊急連絡先）については雇用決定後でなければ聞いてはいけません。なぜなら、出身国がわかってしまう可能性があり、それが採用に影響することもあるからです。同様の理由で、次のような質問も言葉上、出身国は聞いていませんがＮＧです。

How long has your family been in the U.S.?
（あなたの家族はどれくらいの期間、米国に住んでいますか？）

That's an unusual name—what does it mean?
(変わった名前ですね。どういう意味ですか?)
How did you learn to speak Chinese?（どのようにして中国語を習いましたか?）

「なぜだめなの？」と思う方もいらっしゃるかもしれませんが、質問に対する応答の展開を考えてみてください。

「どれくらいの期間、米国に住んでいますか？」という質問に対し、「3年です」と答えたら、3年前に米国に入国した移民であることがわかります。「変わった名前ですね。どういう意味ですか？」への応答は、たとえば「韓国語で○○という意味です」という回答になり、出身国がわかる可能性があります。「どのようにして中国語を習いましたか？」は、「10歳まで中国で育ちました」など、これもまた出身国がわかる可能性があります。職務遂行とは関係がないことと考えられているため、質問すべきではありません。

ここでもまた、「採用する側としては雇ってもいい人物かどうか、不法入国者かどうか、確認するのは当然じゃないか」とお叱りの声が聞こえてきそうです。たしかに、そのとおりです。では、どのような質問が適切なのでしょうか？

Are you eligible to work in the U.S.?（米国で働く資格はありますか？）

要は移民であるかどうかを聞くのではなく、米国で合法的に働くことができるかどうか、それだけを問うべきだということです。

日本ではパートやアルバイトの面接で、間接的な質問をすることが多いのではないでしょうか。たとえば、夕方や夜に働けるか、週末に働けるかなどを知りたいときに、意図を胸の内に秘め、次のような質問をついしがちです。

「お子さんはいますか？」（↓子どもがいれば、夕方と夜、そして週末はシフトに入れないな）、「結婚されていますか？」（↓結婚していたら、夜と週末はシフトに入れないな。妊娠してシフトに入れなくなる可能性もあるな）、「学業との両立はできますか？」（↓学業が忙しければ雇用側の求めるシフトには入れないな、テスト前だからといって長期の休みは取ってほしくないな）、などです。

この場合、アメリカでは、その回答によって（プライベートな情報によって）採用を判断している（差別している）と思われる可能性があります。それでは、どんな質問であればいいのでしょう。ここでもうひとつ、政治的に正しいアルバイト採用の会話例を紹介します。

面接官：Would you be able to work a 10:00 a.m. to 7:00 p.m. schedule?
（午前10時から午後7時のシフトで働くことができますか？）
応募者：Except Sundays, yes.（日曜日以外であれば大丈夫です）

この後に続けて、決して理由を聞いてはいけません。「なぜですか？」と聞きたくなるところでしょうが、本人が働けないといっているのですから、聞く必要はありません。日本人にはストレートな質問の仕方で抵抗のある会話かもしれませんが、イエス、ノークエスチョンは極めて合理的です。余計な詮索をせずとも、イエスであれば採用、ノーであれば不採用です。仕事とは関係のない家庭や生活の事情を聞かれるほうが、欧米人にとってはむしろ驚きなのです。

プライベートに踏み込まず、ストレートに用件だけ伝えよう

日本の職場でも、さすがに「俺の酒が飲めないのか」という上司はもう絶滅していると思います。しかしながら、そのようなハラスメントは形を変えて生き残っています。パワハラというと、割と新しい概念のように聞こえますが、要は権力を背景にした「いじめ」(bullying) です。小・中・高では bullying、職場では harassment in the workplace、大学では academic harassment と呼んでいますが、いじめであることに変わりありません。

ちなみに academic harassment は和製英語ですが通じます。Bullying や abuse で通じますが、単に harassment と表現している大学も多いようです。

パワハラは言葉ではなく、態度であることが少なくありません。たとえば、机を叩いたり、舌打ちをするなど、威圧的、侮辱的なものであれば、言葉に出さなくてもパワハラになります。また、無視するという行為も、パワハラと考えられています。パワハラがいじめであることを考えればすぐに理解できるはずです。

Can't you understand Japanese?（日本語を理解できないのか？）

これはかなり侮辱的な言葉ですから、一対一の場面であろうと他の人がいる前であろうと、パワハラに該当することは明白です。これを、日本で働いている外国人にいったとしてもパワハラに当たります。この文では「理解できないの？↓できるでしょ！」というニュアンスになってしまいます。Can は能力を聞くことになってしまいますので注意が必要です。もしも外国人に日本語が話せるかどうかを聞く場合は、“Can you speak Japanese?”よりも“Do you speak Japanese?”のほうが無難な表現でしょう。

Can you send me the report by tomorrow morning?
（明日の午前中にレポートを私に送れる？）

会社でよく頼まれることですから、文章に違和感はないと思います。この文章単体であれば、特にハラスメントではありません。問題は内容と条件です。一般常識と照らし合わせて、誰がやっても明らかに明日までに終わらない仕事を、「明日までに終わらせろ」と指示するのはパワハラです。難しいのは、一般的には可能であっても、その人にとって可能であるかの判断です。個人の能力をはるかに上回る仕事を与えることは、パワハラと考えられています。どれくらいのさじ加減がいいのかは難しいところですが、では簡単な仕事を与えるのであればいいのでしょうか。そうともいえません。なぜなら、個人の能力をはるかに下回る仕事を与えることも、侮辱的でパワハラだと考えられているからです。この点は見落としがちなので要注意です。

Your performance in the last three months is terrible.
(あなたのここ3か月の成績はひどいものだ)

この文はterrible（ひどい）という感情的な表現が入っていますから、好ましいものとはいえません。ゼロであるとか、20パーセントダウンであるとか、具体的な数字を出すと客観的になり、acceptableな表現になります。どのような状況でいうかも問題です。他の従業員もいる前で、かつ強い口調でいった場合、侮辱していると受け取られる可能性があり、パワハラになります。個人的に呼び出して、物腰柔らかく具体的な数字を提示していった場合、問題になる可能性はほとんどありません。

とはいえ、人間ですから感情的になることもあります。賢明な読者の皆さんであれば使うことはないと思いますが、参考までに、絶対にいってはいけない、相手を逆上させる表現を見ていきましょう。

You are good for nothing.（役立たずだな）
You are totally useless.（まったくの役立たず）
You are hopeless.（望みなし）
You are an incapable employee.（無能な社員）
You are an incompetent employee.（無能な社員）

繰り返しになりますが、業務に関係のない発言はＮＧです。仕事中にあくびをしている社員を注意するような場面はどうでしょうか。

Did you sleep well last night?（昨日、よく寝た？）

特に問題がないように思えます。しかし、もしも新婚さんに向かっていった場合、言い方次第では多様な解釈ができないこともないので、いやらしく聞こえるのではないでしょうか。プライベートに踏み込むのは良くないわけですから、言い方を変えるべきです。

Don't yawn.（あくびをするな）

Don't yawn when you are on duty.（仕事中はあくびをするな）

Don't yawn when I'm talking to you.（私が話しているときにあくびをするな）

丁寧にいうのであれば、次のような表現もありますが、ここまで遠慮するのもいかがなものかと。

Please refrain from yawning at work.

（職場であくびをするのはどうぞ控えてください）

間違っても、次のような嫌みはいわないように。

That was a big yawn.（大きなあくびだね）

ストレートに用件だけを伝える。これに徹してください。

これからますますパワハラ防止は厳格化されていく

海外ビジネスで諸外国を訪問している私の実感ですが、世界全体で見ると、差別撤廃の方向に進んではいるのですが、それは表面上のことであって、差別は目に見えないところでよりひどくなっているように思います。差別するなといわれたら、表面上はそうなるかもしれませんが、現実は差別を助長し、さらに分断された社会を作り出している気がします。

たとえば、アフリカンアメリカンに対して100パーセント差別語を使わないようにするのは難しいかもしれません。Blacklist や blackmail くらいであれば話の流れのなかで何気なく使ってしまいそうです。それが問題となるのであれば、接触そのものを避けようとするのが人間の心理です。

その結果、同じ人種で固まるようになってしまいます。白人同士で白、黒人同士で黒といっている分には、それほど問題にはならないからです。いろいろな人種が入り交じり、多様性が生まれるのがアメリカの良いところ、強さだったのですが……。

しかし、今後のビジネスシーンでも、水面下に潜った複雑な差別の問題は取り沙汰されることなく、ますます表面上の政治的に正しい表現、パワーハラスメントの防止、差別撤廃だけが厳格化されていくことでしょう。

アメリカのこの傾向は、海外で働く、外資系企業で働く、取引先企業が外資系である日本人だけでなく、いずれ日本ビジネス界にも伝播するはずです。そのとき、うかつな質問の仕方、意思の伝え方、不用意なひと言によって大問題にならないよう、次章では、どんな英会話がセクハラになるのか、学んでいきましょう。

第4章 セクハラな英会話

どんどん広がるセクハラの概念

セクハラ（sexual harassment）とは性的嫌がらせのことですが、皆さんが考えているよりも広範囲に及びます。セクハラの基本的な考え方は、対象が同性（the same sex）であれ異性（the opposite sex）であれ、成立するということです。たとえば、会社の上司が酔って肩を組んできた場合、組まれたほうが不快に思えばセクハラになります。異性はもちろん、たとえ同性であっても、肉体的に接触（physical contact）することはセクハラとなります。

「触る」とまではいかなくても、パーソナルスペースへの侵入（invasion of personal space）もセクハラと考えられています。話をするときにやたら距離が近い、席がたくさん空いているのにあえて近いところに座るなどの行為が、パーソナルスペースへの侵入に当たり抵触するのです。

もちろんポルノを人に見せてはいけません。媒体は問いません。紙であろうと、電子媒体であろうと、ポルノを他人に見せるのはセクハラです。オンラインでの嫌がらせ（online harassment）が、近年増えているようです。スマホのコミュニケーションアプリ（ライン、メッセンジャー、ワッツアップなど）でポルノ画像や動画を送信するのもセクハラと考えられています。会社のパソコンの壁紙にポルノ画像を設定するのは完全にアウトです。デスクトップに性的な画像を保存したり、ダウンロードフォルダに保存してあるケースも、それが共用のパソコンで、他の誰もが見られるならば、セクハラの可能性があります。

もう少し性的な話題に触れておくと、児童ポルノは絶対にNGです。日本は世界的に見て、取り締まりが甘いと非難されています。カリフォルニア州では児童ポルノ所持は初犯でも重罪（felony）です。自分自身のメールアドレスに送信した場合でも、頒布として取り締まり対象になります。国によっては閲覧だけでも犯罪者になる場合があるので、注意が必要です。

日本人の児童ポルノに対する認識は甘いといわざるを得ません。カメラがデジタル仕様になる前は、カメラ屋さんにフィルムを持っていって現像してもらっていました。親子（父娘）でお風呂に入っている写真を撮影して、現像に出すことはそれほど珍しいことではありませんでした。しかし、同じことを欧米でやると、児童ポルノとして通報されてしまう可能性があります。葉書に子どもとお風呂に入っている写真を刷ることなど論外です。

かわいい我が子、家族の仲睦まじい様子を見せたい気持ちはわかりますが、小さい子であるがゆえにNGなのです。

外務省海外安全ホームページには、次の内容が掲載されています。ある国に在住している邦人一家の娘（小学校低学年程度）が、現地校で作文に、「お父さんとお風呂に入るのが楽しみ」と書いたところ、学校が警察に通報し、父親が性的虐待の疑いで取り調べされたというのです。日本の混浴文化は世界では通用しないと考えてください。

日本の和解金、賠償金もアメリカ、イギリス並みになる

2006年におきた、北米トヨタ自動車セクハラ事件をご存じでしょうか。現地の日本人社長が社長アシスタントを務めていた日本人女性に対して、出張の際、宿泊先のホテルの部屋に行ってもいいか、自分の部屋へくるかと迫ったり、体を触ったりなどのセクハラをしたという事件です。総額1億9000万ドル（当時、約215億円程度）の支払いを求める訴訟がおこされました。結果は、裁判ではなく和解という形で幕を閉じました（公表されていませんが、損害賠償請求額がすさまじいことから、女性は多額の和解金を手にしたことでしょう）。

この事件で私が強調したいのは、アメリカにおけるセクハラの代償は日本の比ではないということです。トヨタ以前には、１９９６年に米国三菱自動車に対するセクハラ訴訟がありました。これは、27人の女性に対して和解金が支払われた（３４００万ドル）史上最大規模のセクハラ訴訟といわれています。20年以上も前にすでにこれだけのセクハラ訴訟がおきているのです。

それに対して、日本はどうでしょう。参考までに、日本の示談金額を列挙します。酔ったうえで同僚にキスをした事件の示談金40万円、同僚の体を触った事件の示談金20万円、さらに過激なものでも１００万円程度です。このことからも、日米のセクハラに対する意識に大きな乖離があることがわかるでしょう。

少し話がそれますが、セクハラのニュースを見ているとアメリカのものが多いように感じるはずです。なぜでしょうか。もちろんアメリカメディアの影響力の大きさもその理由のひとつですが、他にも理由がありそうです。

英国ＢＢＣ放送がセクハラ報道はなぜアメリカでは多いのに、イギリスでは少ないのかという特集を組んでいます。それによると、法体系の違いといえるようです。英国の名誉毀損法は、原告に立証責任を求めるのではなく、報道側に正確性の立証責任を求めています。つまり、報道側は録音や証人を含め法廷で証言する用意が必要なため、報道に二の足を踏んでしまうそうです。米国ではこの逆で、原告に名誉毀損の立証責任があるため、疑惑の段階でも報道されてしまうのでしょう。ただし、イギリスでも、原告が勝訴するとその賠償額はゆうに100万ドルを超えます。

日本でも2020年以降から、職場でのパワハラ防止策が企業に義務づけられるようになります。企業に防止策を義務づける労働者は正社員の他、パートタイマーや契約社員など非正規雇用者も含まれます。パワハラ、セクハラに対する罰則はこれからますます厳しくなり、訴訟をおこされたら、アメリカ、イギリス並みの示談金になることが考えられます。いってはいけないセクハラなフレーズを、しっかり学びましょう。

近くで聞いている人が不愉快になる英会話

職場では、どの立場から、どのような表情やトーンで、そしてどんなシチュエーションで言葉を発するかに気をつけなければなりません。しかし、あなたが男性だとして、気心の知れた同僚の男性との会話なら、発言内容に配慮しなくてよいのでしょうか。

I haven't had sex with my wife for three years.（3年もセックスレスだよ）
I prefer younger girls.（若い子のほうがいいなぁ）
I saw a sexy ad in a train.（電車でセクシーな広告を見たよ）
The book you mentioned was extremely erotic.
（教えてもらった本、すげえエロかったなぁ）
She is horny.（彼女、いいよね）
She is my type.（彼女、タイプだなぁ）
Women over thirty are old farts.（30歳超えた女はおばさんだな）

これらの会話は、近くで聞いている人がいたら、かなりの確率でセクハラだと判断されます。特に、old fart はかなり差別的な表現です。Old fart はオーストラリアに留学したときにサーファーから教えてもらった言葉です。ここでは、「おばさん」と訳しましたが、最近の言葉でいえばババア（ＢＢＡ）に当たる感じです。「おばさん」を罵ると「ババア」になりますよね。

ちなみに、悪意のない、ハラスメントに当たらない「おばさん」は older woman、親戚のおばさんは aunt や auntie になります。同様に、「おじさん」は old man、「中年」とひとくくりにした場合は middle-aged、親戚のおじさんは uncle です。これらは一般的にハラスメントには当たりませんが、職場で「おばさん」「おじさん」は不適切な表現です。たとえおばさん、おじさんだったとしても、Ms.〜や Mr.〜 のように名前で呼ぶべきです。

セクハラにならないよう気に入った人を飲みに誘う

「どんなシチュエーションでいうか」に着目して、セクハラな英会話を考えてみましょう。

Shall we go for a drink?（飲みに行きませんか?）

たとえば、こわもての男性が、女性と2人だけの密室で、かつ低い声でこのフレーズをいったら、たとえ丁寧な表現だったとしても、相手にイエス以外の答えはありません。あるいは、テレビで見たことがある芸能人が同様の状況で、あるいは、芸能人のイエスマンばかりいる場で、このフレーズをいったらどうでしょう。女性から、とても断れないというプレッシャーが生じたので、セクハラだといわれる可能性が十分にあります。

　つまり、誰がどんなシチュエーションで、どのようにいうかで、同じフレーズであっても意味合いは大きく異なってくるのです。ここで、「じゃあ、気に入った人を飲みに誘うにはどうしたらいいんだ」「飲みに行きませんか？　といえないなら、そもそも飲みに誘えないじゃないか」とお叱りの声が聞こえてきます。それに対しては、こう答えましょう。最も大切なのは信頼関係を構築するということです。そのうえで、最初に誘うときは、2人きりというのは避け、みんなで行こうと誘います。それも丁寧に。

I know a very good Italian restaurant, and Steve, Cathy, Jim and I will have dinner together. Would you like to join us, if you don't mind? No obligation at all.

（いいイタリアンレストランを知っています。スティーブ、キャシー、ジムと僕で一緒に夕飯を食べます。もしよければ一緒に行きませんか？　全然義務ではないですよ）

We are going to an Italian restaurant. Won't you join us, if you are free?

（私たちイタリアンレストランに行くんだけど、暇なら一緒に行かない？）

これくらいにとどめておくと良いでしょう。最初から2人きりでというのは、警戒される可能性がありますし、パワハラ、セクハラといわれかねません。可能であれば共通の友人を1人でも入れると、女性も安心してくることができるでしょう。If you don't mind（もしよろしければ）は、言葉を柔らかくするのにおすすめの表現です。また、"No obligation."（義務ではありません）は、誘うときの必須表現ともいえます。相手が断りやすくするための配慮です。

そうはいっても、読者にはいろいろな方がいます。「そもそもセックスしたくて誘っている場合があるんだよ！　そういう下心があるときは、どう誘ったらいいんだ！」とお叱りの声が聞こえてきます。それに対しては、こう答えましょう。性欲ほど高くつくものはありません。性欲を満たすだけであれば風俗に行くことをおすすめします。それでもなお誘いたいという場合、裁判で痛い思いをする、多額の和解金や賠償金を支払う、職を失う覚悟をするなど、心の準備をしてから、好きなように誘ってください。それでは、誘い方の例を挙げます。

①飲みに行かない？

Let’s go for a drink.

What don’t we go for a drink?

How about a drink?

I will buy you a drink.

Come over here for a drink.

②恋人はいる？／恋人になれる？

Do you have a boyfriend/girlfriend?

Are you seeing anyone?

Are you available?

※この表現は普通、「手が空いてる？」の意味で使います。

③今晩暇？

Are you free tonight?

③の一文には多くの含みがあります。夜、暇だったら一緒に食事でもしようというつもりで聞いたとしても、相手は一夜を一緒に過ごそうという意味でとらえる可能性がありま す。その場合、完全にセクハラ発言になりますので、どうしても食事に誘いたければ、Would you be interested in joining me for dinner tonight?（今晩、一緒に食事をしませんか？）と聞きましょう。

また、Are you free tonight? の後に、Why don't we have pizza?（ピザ食べない？）とはっきりいえば食事に誘っていると伝わりますが、何もいわずにニヤリとすれば、ベッドに誘っていると伝わるかもしれません。

Why don't you come over to my place and watch Netflix and chill?
（私のところにきて、ネットフリックス見てくつろがない？）

この表現は、含みのある婉曲表現です。家に行って映画を見てくつろぐ。その後は……

というニュアンスです。本当に映画を見て楽しむ場合もあるかもしれませんが、この表現は「セックスをする」のスラングとして有名です。下手に返事をすると、同意したものとみなされるかもしれません。

いっそのこと「余計なことはしないほうがいい」という考え方

先述の「セックスしたくて誘っている場合」とは対極的に、下心がまるでないのに、セクハラといわれることほど残念なことはありません。うっかり、オフィスで次のような質問をしたらどうなるでしょう。

What do you like to do in your free time?（暇なときは何をしていますか？）

これはかつて、英会話の本、大学一般教養の英語教科書に出てくる定番のフレーズでしたが、私は常々、「これは危ない！」と問題視していました。なぜなら、人間関係が構築されていない状況で外国人に聞けば、笑顔で答えてくれたとしても、「あなたは何の権利があって私のプライベートを聞くのですか」と腹のなかで思われてしまう可能性が高いからです。ですから、今の時代に即した英会話の本や英語教科書にはほとんど出てきません。もしも、教科書を鵜呑みにした場合、高い代償を払わされるかもしれませんので要注意です（教科書に書いてあったと言い分を述べても、相手には通用しません。それどころか逆上されるかもしれません）。本気で相手と深い人間関係を築きたいと思うとき以外は、プライベートに踏み込む会話などしてはいけない時代なのでしょう。次のフレーズも同様です。

Have fun!（楽しんで！）

これも多くの英会話の本に出てくるフレーズです。私もこの表現はよく使いますが、常々問題視していました。私が使うときは、もちろん状況とその場の空気を読んでのことです。下心はなくても、状況とその場の空気を読み違ってしまった場合、とんでもない意味になってしまいます。たとえば、みんなで飲んでいて、バイバイするとき、仲良く帰っていくカップルにこういったとしましょう。

Have fun!

もうおわかりですよね。「いいことして楽しんでね！」という意味になってしまいます。このシチュエーションでは、Good night! や See you! が無難でしょう。ハラスメント訴訟大国に生きる人々は、言葉に敏感です。外国文化を知らない日本人が、「ちょっといいこといってやろう」と思った場合、かなりすべることが多いので、注意してください。また、単なる言葉足らずであっても、セクハラになる場合があります。次のフレーズをご覧ください。

This is my partner.（こちらは私のパートナーです）

「で、何が問題なの」と、うんざりしている読者の顔が浮かびますが説明しましょう。パートナーといってしまうと、配偶者のような存在としてとらえられてしまう可能性があるのです。誤解されないようにいうのであれば、This is my business partner.（こちらは私のビジネスパートナーです）と、何のパートナーであるか明示する必要があります。相手に勘違いされるだけでなく、紹介したパートナーから「誤解を受けた」と訴えられる可能性も考えられます。ちょっとしたひと言で訴えられるかもしれないので、念には念を入れましょう。贈り物をする場合も、本当に気を使います。

Hope you like it.（気に入ると思うよ）

プレゼントを渡すときは一般的にこういいますが、誤解される可能性があるものは贈らないようにしましょう。たとえば、誕生日に自分の読んでいた本をあげたら、そのなかにヌードのしおりが挟んであった場合、うっかりであってもセクハラといわれる可能性があります。また、プレゼントした本の内容に性的描写があり、ＰＴＳＤになったなどといわれる可能性もあります。もはや誕生日自体が職務とは関係がないという考え方もあるので、いっそのこと余計なことはしないほうが良い時代かもしれません。

噂話もセクハラに当たることがあります。「あの子とやっちゃったぜ」というような噂を流すことは常識としてＮＧです。冗談だとしても、"I slept with her."（彼女と寝たよ）などと同僚にいいふらしたら、セクハラや名誉毀損で罪に問われることを覚悟してください。Sleep with は「〜と一緒に寝る」が基本的な意味ですが、異性とベッドを共にする(セックスする)場合もこの表現を使います。日本語と同じですね。

せっかくですから、性行為の必需品であるベッドについて少し考えてみましょう。次のフレーズの違いがわかりますか。

go to bed

go to the bed

冠詞(a, an, the など)は私たちが思っている以上に重要な役割を果たします。冠詞があると具体的なものを指し、なければ抽象的になり、そのもの本来の役割を指します。つまり、go to bed は冠詞がないので本来の役割である「寝る」という意味になります(sleep と同意になります)。Go to the bed は具体的なものを指すので、「ベッドに行く」という意味になります(ベッドには入りますが、寝るかどうかは不明です)。

セクハラと誤解されやすい英会話

世の中にはおおらかな人もいれば、狭量な人もいます。後者であれば、発言者が「そんなつもりでいったのではない」と説明しても、セクハラだと大騒ぎするかもしれません。トラブルを防止するには、そもそも誤解されるようなフレーズの使用を避けることです。勘違いがおきやすい英会話のパターンを挙げましょう。

A: How was camping?（キャンプどうだった?）
B: I prepared a dinner and pitched a tent.（夕飯の準備してテントを張ったよ）

勘のいい人であればすでにおわかりかもしれませんが、「テントを張る」は「勃起する」の意味です。「夕飯の準備をして勃起した」とも取れなくもないのです。夕飯に何かエロいことを連想するものが出たのでしょうか。ちなみに、erect（直立した、勃起した）とelect（選ぶ）はスペリングが似ているので、注意してください。

A: Do you like him?（彼のこと好きなの?）

B: We are friends with benefits.（利害関係だけの友だちです）

仕事で対価をもらう、そんな利害関係だけのつながりだと伝えたくても、上述の会話だと、体だけの関係ととらえられてしまう可能性があります。ここは、We are business associates. や He is a business associate.（仕事仲間だよ）というように伝えれば、誤解は生じないでしょう。Friends with benefits はＦＷＢと略され、一般的にセックスフレンド（セフレ）の意味になります。

知らずに使うと恥ずかしい思いをする単語も挙げておきましょう。恥ずかしい思いをするだけならいいですが、相手からセクハラだと訴えられたらたまりません。しっかりと学習しましょう。

A: Are you active?（あなたはアクティブですか？）
B: Yes, especially at night.（はい、特に夜は）

「自分は夜型で、夜になると元気になります」という意味でいったとしても、夜にお盛んだと聞こえてしまうかもしれません。病院でもAre you (sexually) active?と聞かれることがあります。通常、activeは「活発な」「現役の」「活動中の」というような意味で、性的な意味はありませんが、状況によっては「性的にアクティブ」という意味になることがあるのでご注意ください。

A: What did you do last night?（昨日の夜何してたの?）
B: I filled the cream donut.（ドーナツにフィリングを入れてたよ）

料理好きでドーナツを作っていたのかもしれませんが、fill the donutはドーナツの穴のなかにクリームをフィリングする（穴の開いたところにクリームのような白いものを入れる）ということですから、セックスして中出しするという意味になります。これはあくまでも一例です。穴があり、そこに棒状のものをさすような表現はすべてセックスを連想させる可能性がありますので注意してください。Chimney sweepingも煙突を掃除することではなく……もうおわかりですよね。

A: You can stay in my room. But don't move furniture.
（僕の部屋に泊まっていいけど、家具は動かさないでね）

B: ….

友だちに部屋を数日、かすときの会話例です。セックスをするとベッドが揺れます。ですから、家具を動かすという表現はセックスをするという意味になります。Bの返答が……になるのも理解できたのではないでしょうか。

A: How was your night?（夜はどうだった？）
B: She was good at dancing.（彼女、ダンスうまかったよ）

映画で、夜、リビングで音楽をかけて2人で踊るシーンは定番です。しかし、danceにはちょっと変わった意味があります。Danceにはhorizontal dancingという意味もあるのです。Horizontalは「水平な」ですから、つまり正常位、ということです。応用すると、vertical dancing（垂直のダンス）は騎乗位となるでしょう。意図的に、より直接的に表現したい場合、正常位は missionary position もしくは normal position、騎乗位は cowgirl もしくは woman on top、バックは doggy style です。ガラの悪い映画にはよく出てくるので、覚えておきましょう。

A: Did you go on a date with her last night?（彼女と昨晩デートした？）
B: Yes. But we didn't talk much. We played Tetris for hours.
（うん。でも全然しゃべらなかった。何時間もテトリスしたよ）

素直な人なら、会話が盛り上がらず、本当にテトリスをしたのだろうと受け止めてくれるでしょう。しかし、物事を深読みする人ならどうでしょうか。Play Tetris にはセックスするという意味もあります。テトリスは凹凸をはめていくゲームです。凹と凸が何を意味するか、もう説明不要ですよね。

Strip（裸にする）も日本人が誤解しやすい単語です。Strip は本来、「剝がす」という意味なのです。剝がす対象は、服であったり、ベッドのシーツであったり、チキンの皮であったりします。"Can you strip a bed?"（シーツ剝がせる？／シーツ取れる？）といわれて、ベッドの上で服を脱ぐ人はいませんよね。

世界はすでに軽口を許さなくなっている

含みを持たせてしまう発言というものがあります。多様な解釈を可能にする言葉だったり、つっこんでほしいのかといいたくなるぐらい「？」と思わせる言葉だったり、といえば伝わるでしょうか。たとえば、次のような発言です。

You look nice today.（今日はかわいいね）

こういわれてどう思いますか。「なんじゃそりゃ。今日だけかい～！」と外国人が楽しくつっこみを入れてくると思いますか。もしもそう考えているようであれば、非常に危険です。日本でもコンプライアンス意識が高まり、２０２０年以降から職場でのパワハラ防止策が企業に義務づけられるようになると述べました。

たとえば２人でいる場合で、この発言があれば、「性的に誘っている」ととらえられる可能性があります。「今日は」というのも問題です。その他の日はかわいくないのか、ということになるでしょう。女性2人がいる状況でこの発言をした場合、いわれた当人だけではなく、傍らにいた女性も不快に思うことでしょう。いわずもがなですが、その状況で2人のうち1人に「かわいい」といったら、もう1人に対して「かわいくない」というメッセージを含んでしまうからです。その結果、2人から同時にセクハラだと訴えられる可能性があります。

思い出してください。ハラスメントは自分がどういう意図で発信したかは不問であり、相手がどうとらえるかということを問題としているのです。2019年、厚生労働省が示したハラスメント行為の定義とその具体例を検討する、労使と有識者の委員による分科会で、労働者側が「対象を狭めている」と反発しました。ということは、日本でも、「今日はかわいいね」は「ご挨拶だ」などというノリはいずれ許されなくなるでしょう。世界ではすでに、そのような軽口を許さないのです。

なぜ自分がセクハラで訴えられるのかさっぱり理解できない

会社員であれば、同僚の男女で一緒にランチを取ることもあるでしょう。「ランチに行こう」「一緒に社員食堂で食べよう」と誘うことはごくありふれた日常のワンシーンなので、日本人の感覚では次のような会話に違和感はないかもしれません。

日本人男性駐在員：I'm hungry. Let's have a filling lunch together.
（お腹減った。一緒にお腹がいっぱいになるものを食べようよ）
現地雇用の女性：I'm afraid I'm on a diet.
（申し訳ないのですが、ダイエット中なんです）
日本人男性駐在員：On a diet? I don't think you need a diet. You look slim.
（ダイエット？　あなたはダイエット必要ないでしょ。痩せてるから）

いかにもありそうな会話ですが、この後、現地雇用の女性がどんな行動を取ったか想像がつきますか。有休を取って弁護士に相談に行き、後日、弁護士を通じて会社を訴えると総務部に連絡を入れたのです。発言した本人は上司に呼び出されますが、なぜ自分がセクハラで訴えられているのかさっぱり理解できません。これは私が知っているアメリカでのケースですが、重要なので何度も申し上げておきます。そんなつもりがなく発した言葉であっても、相手にとって不快であれば訴えられ、後になって（和解金や賠償金が多額であることを知り、そのときはじめて）事の重大さに気付くのです。

明らかなセクハラから含みを持たせたセクハラまで

セクハラ発言にはわかりやすいものと、そうでないものとがあります。たとえば、以下の発言は誰がどう考えてもセクハラ発言であることが明らかです。深い間柄になった2人ならいざ知らず、ビジネスでしかかかわり合いのない相手に突然、以下のようなことをいったり、聞いたりするのは自爆行為です。ここでは「いってはだめですよ」という念押しの意味と、英語の勉強を兼ねて、セクハラフレーズを挙げましょう。

You have big boobs.（おっぱい大きいね）
Why won't you sleep with me?（僕と寝ない？）
When did you lose your virginity?（いつ初体験したの？）
※日本には、女性は「処女」、男性には「童貞」という言葉がありますが、英語ではどちらも virginity と表現します。
What is your favorite sex position?（好きな体位は？）

How many girls have you slept with?（何人の女の子と寝た？）
What turns you on most during sex?（セックス中に興奮することは？）
Who gave you your first orgasm?（誰が最初にいかせてくれましたか？）
Where is the strangest place you've ever had sex?
（今までにセックスした一番珍しい場所は？）
How do I get my libido back after having a baby?
（子供を産んだ後、どうやって性欲を取り戻したらいいですか？）

さすがに、これらは直接的な性的表現すぎるので、発言する人はいないと思いますが、以下はどうでしょう。

Would you like to have children one day?（子どもは欲しいですか？）
At what age do you plan to get married?（何歳で結婚する予定ですか？）
Do you see me in your future?（あなたの未来に私は見えますか？）

直接的な性的表現はありませんが、こちらもセクハラ発言です。冗談では済まされません。婉曲的な表現ですが、一線を越えています。難しいのは単語の意味の幅が広く、意味をとらえにくい場合や、前後の文脈によって本来意図した意味とは異なる意味で伝わってしまう場合です。

What's your fantasy?（あなたのファンタジーは何ですか？）

辞書に載っている意味だと、この表現は理解できません。Fantasy は性的な話の流れでは「妄想」「やってみたいプレイ」などの意味になります。含みを持たせた発言は危険だと述べましたが、これは含みが強すぎてＮＧです。

ほめるとセクハラになる

ここまでは比較的わかりやすかったと思います。それでは、次の発言はどうでしょうか。

Did you have your hair cut?（髪切った？）

「これくらいはいいんじゃない？」と思う人もいるかもしれませんが、日本でさえこれはNGです。大学から研修と称して配布されたセクハラについてのDVDで、そう説明されていました。そのDVDを見た私は、すべての発言や行動がハラスメントになる可能性があるから、大学で誰とも話をせず、目を合わさないほうがいいと思ってしまった記憶があります（とはいえ、無視すればモラルハラスメントになりますし、生きにくい世の中です）。次の発言はどうでしょうか。

Nice jacket!（いいジャケットだね！）
Your skirt is nice.（素敵なスカートだね）

会話術の本には、とにかく相手をほめろなどと書いてありますが、鵜呑みにしてはいけません。現代のビジネスシーンにおいては、容姿、服装など業務と関係のないことでほめたら、どんなしっぺ返しがあるかわかりません。

「髪切った？　素敵だね！」は好きな人からいわれたら、「気付いてくれてありがとう！

うれしい」となりますが、私のようなおっさんからいわれたら、「キモい、セクハラ！」「なに見てんだよ、このエロオヤジ！」と、なってしまいます。セクハラは相手がどう思うか、受け取る側の判断で決まるのですから、どうしようもありません。オフィスでは、無難に、出されたコーヒーがおいしいであるとか、壁の絵が素敵であるとか、天気の話でもしておいたほうがいいでしょう。間違っても会話術の本を鵜呑みにして、「かわいいね」「セクシーだね」などと容姿や性的なことでほめないでください。

絶対的権力者の見返りハラスメント

セクハラでよくあるのは、見返りハラスメントです。「もしこれをしたら、◎◎してあげる」というような条件付きのオファーを見返りハラスメント（英語で quid pro quo harassment といいます。quid pro quo は「見返り」「代償」の意味）といいます。いわゆる、職権乱用タイプのセクハラですね。

I'll give you the promotion if you sleep with me.
（もしも僕と寝てくれたら、昇進させてあげるよ）

I'll fire you unless you go out with me.
(もし付き合ってくれなかったら、首にするよ)

本書を冷静に読んでいるあなたなら、今どき、こんな露骨な言い方をする人はいないと思うかもしれません。しかし、組織や仕事などで圧倒的に優位な立場にいる者が、部下や下請け業者に対して性的な衝動が募った場合、どうなるでしょう。

最初は、含みを持たせたセクハラが続きます。しかし、何度も袖にされる、無視される、ついにははっきり断られると、逆切れ気味に、見返りハラスメントにいたるのです。相手が断っているのに強要するセクハラは、これまで挫折したことのないエリートや、組織における絶対的権力者がやってしまいがちです。断られることに耐えられない、つまりプライドが許さないのですね。

Time's Up movementsをご存じでしょうか。アメリカの有名な映画プロデューサーであるハーヴェイ・ワインスタインが、その地位を利用して多数の女優にセクシャルハラスメントや性的暴行を加えていたことがわかり、社会に大きなインパクトを与えました。その影響力(ワインスタイン効果=Weinstein Effect)はあまりにも大きかったため、多くのハリウッド女優・俳優が性差別への抗議を表明する「Time's Up」（日本語で「時間切れ」を意味する）という運動がおき、"#MeToo"運動の引き金となりました。

事件が明らかになった年の「ゴールデン・グローブ賞」は、性差別や性的嫌がらせの撲滅を訴える女優や俳優が、黒いドレスやスーツを着用して授賞式に出席したため話題になりました。記憶にある方も多いでしょう。ハーヴェイ・ワインスタインはその後、さまざまな役職を剝奪され、自らが経営する会社は破産し、逮捕されました（逮捕後、100万ドルの保釈金を払って釈放されましたが、GPS装置を着用させられています）。

仕事上の優越的な関係を背景にして、"Shall we dance?"と発言し、その後、"otherwise"（さもなくば……）と続けるのはもちろん、たとえifやunless以下の条件を明言しなくても、そのように受け取れる場合はNGです。「もし断れば……、子どもじゃないんだからわかるでしょ？」というようなニュアンスを含んでもNGです。

You won't even have a drink with me?（一緒に飲みにさえ行ってくれないんだね？）

たとえばこの発言ですと、「そんなことじゃあ、次の査定に響くよ」と取れなくもありませんからNGです。Won'tはwill notの省略形です。意思がないことを意味します。よくある例文は、"The door won't open."です。「ドアがどうしても開こうとしない↓ドアがどうしても開かない」となります。ですから、「どうしても飲みに行こうとしない↓飲みに行く意思がないんでしょ」と、押しつけがましいわけです。

さらに、evenで「そんなことさえしてくれないんでしょ」という意味を付け加えているので、とらえ方によっては、「もうそろそろいいだろ」や、「いい加減にしろ」と聞こえる可能性もあります。

Let's share a room at the convention.（総会では一緒の部屋にしようよ）

この発言も当然の如くNGです。総会に一緒に行くのは業務なので問題ありませんが、一緒の部屋を取るのは問題です。当然、1人部屋を取るべきです。実際にそのような気はなく、冗談でいったとしても、相手が不快に思えばセクハラになります。言い方次第ですが、強い口調でこのフレーズをいえば、「昇進に響くよ」「昇給に響くよ」と受け取られかねないのでパワハラにもなります。

すでに述べたように、この類の発言は、典型的な見返りハラスメントで、決して許容されないものとされています。相手が誰であろうと、同性であろうと、一緒に飲みに行こうとか、一緒の部屋に泊まろうなどとはいわないほうが無難です。食事だろうがコーヒーだろうが、職場の人と業務以外で「一緒に」は、やめておいたほうが無難です。どうしてもというのであれば、ウーバーイーツ（185頁参照）かケータリングでオフィスに配達してもらい、みんなで仲良く飲食することを強くおすすめします。もうそろそろ、職場で仕事以外の人間関係を築くことがハイリスクであることに気付くべきでしょう。仕事は仕事、プライベートはプライベートが現代の考え方です。

第5章 〈実例解説〉炎上した英語表現

アメリカで炎上する言葉は、ある意味fuckより汚い

炎上とは一般的に、インターネット上において、閲覧者から不祥事、失言、詭弁などと判断されたことをきっかけに批判が殺到し、収拾がつかなくなっている状況を指します。炎上は英語でflamingといいます。Flameの意味は「炎」ですから、わかりやすい表現だといえるでしょう。

炎上には、発信者が炎上することを狙って、話題を提供する場合があります。これは、炎上商法といわれます。個人や企業が、多くの非難を浴びると推測できる行動をあえて取り、これまでまったく商品について知らなかった層に対して広告費をかけず知名度を上げ、売り上げを高めようとするビジネス販売戦略のことです。

私見ですが、アメリカでは日本ほど頻繁に炎上することがないように感じます。もちろん、negative reaction（否定的な反応）、backlash（反感）は多くありますが、アメリカの学校にはディベート（debate）の授業が多く組まれており、学生が社会に出るまでの間に、是側と非側、ものごとの両面をとらえようとする意識が育まれているので、いきなり強い口調で相手を非難するようなことはあまりないのです。

つまり日本に比べ、異なる意見に対しての許容範囲が広い、寛容な社会であるといえるかもしれません。そんな文化的背景があるにもかかわらず、アメリカで炎上する言葉というのは、ある意味、fuckよりも品がなく、汚いものだと受け止められているからでしょう。

炎上の原因はさまざまありますが、特に多いのは人種差別です。Whitewashという言葉をご存じでしょうか。この言葉には、「しっくい」「粉飾」など本来あるものを見えなくしてしまうという意味が込められています。ハリウッド映画の批評でwhitewashという言葉が使われる場合、本来、白人以外のキャスティングが適切であるところを、白人に置き換えてしまうことを指し、炎上します。

わかりやすくいうならば、織田信長の人生を描いた映画がハリウッドで制作される場合、信長役を渡辺謙ではなく、トム・クルーズにすることとです。これが、百歩譲ってジェット・リーだったら許容範囲なのか、私にはわかりませんが、日本の戦国時代を描いた映画でも、主役、準主役級をすべて白人にしてしまうような文化がハリウッドにはあります。もっとも、映画業界も興行の数字がすべてですから、たとえイメージと異なっていたとしても、売れっ子を主役にするのは常套手段だという意見もあります。

ネット社会を生きるうえでのリテラシー

炎上に共通することは、「発信者が伝えようとすることは、思ったように受信者に伝わらない」ということです。特に企業の情報発信や広告で炎上する場合、「社内にチェックする人材はいなかったのか」「社内にノー！ をいう人がいなかったのか」というコメントをよく見ます。無意識であれ、意識してのことであれ（炎上商法）、炎上するような配慮のない表現を、広告や公式見解として垂れ流すなんて、会社の品位を疑うという心理です。

炎上はいつ、何がきっかけでおこるかわかりません。先述のような whitewash であれば炎上しそうなことは察しがつきます。しかしながら、髪形を変えただけで似合わないとか、動物園に行っただけで動物虐待であるとか、Tシャツに印刷されている文言が不謹慎であるとか、オリエンタルな雰囲気を出せば文化の盗用（cultural appropriation）であるとか、ほとんど言いがかりに近いような炎上もあります。

なかでも、文化の盗用による炎上はいきすぎのような気がしなくもないです。Cultural Appropriation は「割り当て」「流用」「盗用」の意味があります。Cultural appropriation は平たくいえば、「文化泥棒」「文化のパクリ」を意味します。

SNSの運用の難しさを感じるのは、写真を掲載し炎上するケースです。たとえば、外国人が着物を着るだけでも、cultural appropriationと指摘されることがあります。たとえ本人が日本文化を好きになり、着物を着て世界中の人に知ってほしいと善意で発信したとしても、cultural appropriationとして叩かれる可能性があるのです（実際、アメリカ人のセレブ、キム・カーダシアンが、髪を編み込むコーンロウという黒人特有の髪型にしたところ、黒人文化の盗用だと炎上した例があります。また、歌手のケイティ・ペリーが芸者風の衣装を着ただけで日本文化の盗用と炎上した例もあります）。

そうなると、発信した本人は、「日本をひいきにしているのに……」「もう日本の紹介はやめよう」となります。日本が好きで、日本文化を広めたいという行動が炎上につながるのですから、当然でしょう。せっかく日本を好きになってもらったのに、発信者がこのような気持ちになったとしたら、日本にとってマイナスでしかないような気がします。ところで非難する人たちは、いったい誰なのでしょう。このケースでは、日本人は文化の盗用と騒ぎ立てることはあまりありませんが、日系人や日本と類似した文化を持った国からの移民が非難するのです。

Cultural appropriationの考え方は、植民地時代に従国が宗主国からさまざまなものを搾取、盗用されたことに由来すると考えられています。マジョリティとマイノリティの関係も同じです。その考え方を踏まえたうえで、私が「いきすぎのような気がしなくもないです」と述べたのは、「日本人が西洋のドレスを着たら cultural appropriation に該当するでしょうか。もしも該当するのであれば、私たちは今の生活を送ることができないはず」という考え方をしているからです。

アメリカの炎上発言の話からやや脱線しましたが、現在は、「ネット私刑（リンチ）」という言葉があり、SNSで人生を棒に振ることさえあります。ですから、世界ではどんな言葉やフレーズ、発言や行動が品格のない、汚いものとして批判されているか、それを知ることは、ネット社会を生きざるを得ない私たちにとって必要なことです。それでは、これから、世界の有名人たちの炎上発言を見ていきましょう。

①ドナルド・トランプ大統領の炎上発言

トランプ大統領は、全米にホテルやカジノ、ゴルフ場などを持つ成功したビジネスマンとしても知られています。

大統領になる以前、２０１５年に立候補を表明した際には、「メキシコは問題のある人間を（米国に）送り込んでいる。彼らは強姦犯だ」と発言し、またジョン・マケイン上院議員がベトナム戦争で捕虜だった過去を取り上げ、「彼は戦争の英雄ではない。私は捕虜にならなかった人が好きだ」とも述べています。

つまり、暴言を連発し、物議を醸す人物であることは周知だったのです。それでも彼は、2017年、第45代アメリカ合衆国大統領に選ばれました。それでは早速、トランプ大統領の就任後の暴言をいくつか見ていきましょう。

（注）ツイッターでの発言のため、分割されたまま紹介します。また、トランプ大統領の発言は非文法的なものが多いのですが、原文のまま引用します（以下、本章における他の引用についても同様）。ツイッターは文字数制限があるので、必要以上に省略してしまうという事情があるのかもしれません。

So interesting to see "Progressive" Democrat Congresswomen, who originally came from countries whose governments are a complete and total catastrophe, the worst, most corrupt and inept anywhere in the world (if they even have a functioning government at all), now loudly……

（実に面白い。「進歩的」な民主党の女性議員たちが、もともと政府がまったく壊滅的な国からきたのに、世界のどこよりもひどく腐敗して、役に立たない政府〔政府が機能していればの話だが〕からきたのに、今やうるさく）

※クオーテーションマークは本来の意味に懐疑的な場合に使います。たとえば“watching” TV はテレビをつけながら何かをしていて、実際にはテレビを見ていないことを意味します。専門用語であったり、造語であったりすることもありますので、クオーテーションマークがあったら注意して英文を読みましょう。

....and viciously telling the people of the United States, the greatest and most powerful Nation on earth, how our government is to be run. Why don't they go back and help fix the totally broken and crime infested places from which they came. Then come back and show us how....

（世界で最も偉大で有力な国であるアメリカの国民に、この国の政府の運営方法を大声で語っている。国へ帰って、完全に壊れている、犯罪まみれの故郷を立て直す手助けをしたらどうだ。それをやってからここへ戻ってきて、我々にやり方を教えたら?）
※何のやり方かは「…」になっており、明示されていませんが、文脈から政府の運営方法であると考えられます。

トランプ大統領は、名指しはしていないので、誰を攻撃しているかは不明の発言です。しかしながら、国境警備について議論を戦わせたある女性議員を指している、と考えられています。「腐敗した政府」「国へ帰って」などの発言から、その国はメキシコである可能性が高いとされています。

また、非難されていると思われる女性議員の苗字は、「コルテス」です。メキシコ人によくある苗字ですから、おそらくこの議員を指していると考えられます。

白人至上主義のトランプ大統領らしい発言ですが、やはり人種差別は非難を受けます。遠まわしですが、移民に対して「国に帰れ」（これは差別発言）といっているのと同じだからです。実はこの話には落ちがあり、当該議員はもちろん移民なのですが、一世ではなく、ニューヨークのブロンクス生まれだとか。続けてもうひとつ、トランプ大統領の炎上発言を紹介します。

Rep, Elijah Cummings has been a brutal bully, shouting and screaming at the great men & women of Border Patrol about conditions at the Southern Border, when actually his Baltimore district is FAR WORSE and more dangerous. His district is considered the Worst in the USA......

（イライジャ・カミングス議員は残酷で、意地悪だ。南国境の状況について、国境警備をしている偉大な男女に向かって、怒鳴ったり叫んだりしている。実際、ボルチモア地区は、はるかに悪く、もっと危険なのに、だ。彼の選挙区はアメリカで最悪だ）

※アメリカの「南国境」とは、メキシコとの国境を指しています。

....As proven last week during a Congressional tour, the Border is clean, efficient & well run, just very crowded. Cumming District is a disgusting, rat and rodent infested mess. If he spent more time in Baltimore, maybe he could help clean up this very dangerous & filthy place

（先週の議会の視察旅行からわかるように、国境は清潔で効率的できちんと運営されている。ただ、混雑しているだけだ。カミングスの地区は気持ち悪い。ネズミやげっ歯類まみれだ。もしも彼がもっとボルチモアで過ごしたら、おそらく、このすごく危険で不潔な場所をきれいにする手伝いができるかもしれないのに）

文字どおり解釈しても、ひどい発言であることは間違いありません。内容からいって、イライジャ・カミングス議員とトランプ大統領の仲が悪いことは、容易に想像がつきます。まず、知っておきたいことは、カミングス下院議員は黒人で、トランプ大統領のウクライナ疑惑（次期大統領選で争うであろう民主党候補と、ウクライナのガス会社の取締役だった同候補の息子の調査を、ウクライナ大統領に依頼したのではないか。その見返りに軍事援助の拡大を申し出たのではないか、という疑惑）の追及を指揮していたこと。

次にボルチモアはスラム街が広がっており、治安が悪いこと。また、黒人人口が多いことも知っておきたいですね。

そして、重要なのはratの意味です。Ratはもちろんネズミですが、「卑劣なやつ」「裏切り者」などネガティブな意味もあります。ネズミは繁殖スピードが速いため、急激に増加する移民を暗に示す場合もあります。もちろん、差別的な表現です。

要するに、トランプ大統領は、ボルチモアを地盤とするトランプ批判の急先鋒であるカミングス議員を罵倒するため、「ボルチモアは全米一危険で、どんな人間も住みたがらない」と批判し、炎上したわけです。

余談ですが、ボルチモアはメリーランド州にある同州最大の都市。どの郡にも属さない独立都市というアメリカのなかでも非常に特殊な地区であり、格差という点から歴史的に見ても非常にユニークです。人口構成や平均年収、平均寿命を、人種と格差という視点からとらえると、さまざまなことが見えてきます。

②デビッド・ボンダーマン（ウーバー）の炎上発言

次に、シェアリングエコノミーの代表格であるウーバー（Uber）幹部のひとり、デビッド・ボンダーマンの発言を紹介します。

ウーバーとは、アメリカ生まれのライドシェア（自動車の相乗り）サービスの最大手で、簡単にいうとタクシー、正確にいうと白タク（無免許営業のタクシー）の運営会社になります。具体的には、一般人に、自分の空き時間と自家用車を使って他人を運ぶ仕組み（プラットフォーム）を提供し、手数料を徴収するビジネスです。

運転手の評価がわかること、料金体系が明確であることなど、利用者が求めていることをすべて提供しているので、世界で多くの人が利用しています（私も海外に行ったときは利用しています。アジア圏ではGrabを使いますが）。

たとえば、サンフランシスコの老舗タクシー会社が破産申請をするほど、圧倒的なシェアを誇っています。しかし、日本では国土交通省から、「自家用車による運送サービスは白タク行為に当たる」として、サービスを中止するよう指導が入り、タクシー業務から締め出されています。

その一方、最近街中でウーバーイーツ（Uber Eats）という緑色や黒のリュックを背負った人を見かけたことはないでしょうか。

彼らは自転車やバイクで、食事の配達を代行しているのです。ウーバーとしては、お客に飲食物を届けたい店と配達を請け負う個人との仲介をして、手数料で稼いでいるのです。

そのような企業であるウーバーですが、同社はパワハラ、セクハラ問題が後をたたないことで有名です。

そこで、社内文化を立て直そうと、スイス食品大手ネスレ幹部の女性を取締役に加えることにしました。その人事を発表する場で、ウーバー取締役のアリアナ・ハフィントン

（女性）が、経営に多様性を持たせようとする決意を示しました。

それに対し、同社幹部であるボンダーマン（男性）が口を挟んだのが以下の会話です。

There's a lot of data that shows when there's one woman on the board, it's much more likely that there will be a second woman on the board,

（取締役に女性が1人いれば、2人目が就任する確率が非常に高いことを示すデータが多数存在します）

Actually what it shows is it's much likely to be more talking.

（実際には、おしゃべりが増える確率がより高くなることが示されています）

前者のアリアナ・ハフィントンの発言は、パワハラやセクハラなど企業の悪弊を正すために、女性を幹部に登用するという意気込みを示したのでしょう。

それに対して、デビッド・ボンダーマンがちゃちゃを入れた（後者）、という会話です。

これは、日本では冗談で済まされるか、一笑に付されて終わり程度の発言かもしれませんが、アメリカではそうはいきません。

大手メディア、SNSでいっせいに批判が広がりました。

現地メディアの報道では、「a disrespectful comment（非礼な発言）」と見出しがついていますが、男女差別だという指摘も多くありました。

この会話は録音されていたため、今でもネットで音声を聞くことができます。その結果、ボンダーマンは謝罪し、辞任しました。この発言ひとつで辞任です。

日本人のなかには、「ちょっとしたつっこみ、もしくは冗談じゃないか」という人もいるかもしれません。

しかし、世界では、言葉の重みが日本とはまったく違うのだ、ということを肝に銘じてください。

③大手アパレルメーカーH&Mの炎上広告

coolest monkey in the jungle

（ジャングルで最もかっこいい猿）

大手アパレルメーカーH&Mは、“coolest monkey in the jungle”とプリントされたパーカーを黒人の少年に着せて宣伝し、大炎上しました。

その後、謝罪して差し替えることになったのですが、多くのメディアは炎上商法であると非難しました。

炎上する直前、H&Mの売り上げは落ちており、在庫も積み上がっていたとの噂があるからです。確かに、社内弁護士を多数抱えているグローバル企業がするミスではないような気がします。

なぜ炎上したかということなのですが、monkeyが黒人に対する差別語だからと指摘する人が多いと思います。Monkeyはご存じのように「猿」を意味します。

同時に黒人やアジア人への蔑称でもあります。黄色人種の東洋人全般が“Yellow monkey”といわれているのは、よく知られています。

それ以外にも、monkeyにはたくさんの意味があります。日本の辞書には掲載されていない意味も少なくありません。以下をご覧ください。

monkey

（名詞）猿、猿みたいな人（悪ふざけをする人、動き回っている人、真似をする人など）、麻薬中毒者、小さい子や動物の愛称、500ポンド（イギリス紙幣）
（動詞）ふざける　～の真似をする

Monkeyがなぜ500ポンドの意味になるのでしょう。インドから戻った兵士が、最初にそう呼んだといわれています。昔のインドの500ルピーには猿が印刷されており、それをポンドに応用したそうです。

話を戻します。一説には、対人コミュニケーションにおいてノンバーバル（非言語）の割合はバーバル（言語）よりも大きいといわれています。文字は声の抑揚や雰囲気などが存在しませんから、メッセージを発信する人と受信する人でミスコミュニケーションがおきても不思議ではありません。

そのように忖度したうえで、H&Mが"coolest monkey in the jungle"において、"monkey"を「小さい子や動物の愛称」の意味で使っていたとしたらどうでしょうか。

その場合、意味合いとしては特に問題はないように思われますが、そのような企業の言い分がはたして通用するのかどうか。これまでに散々、差別広告は問題になっており、事例はふんだんにあります。

ですから、企業としては、受け取る側が差別だと誤解するような表現を予測しているはずです。また、予測しなければなりません。

たとえ、通念的な価値観を覆すほど、練られたコンセプトのある広告、宣伝だとしても、現状では、猿と有色人種を一緒に登場させることはリスクであると認識するべきでしょう。

言葉による表現ではありませんが、差別広告に次のようなものもありました。企業CMで炎上したケースです。皆さんもお使いかもしれないトータルビューティケアブランド、ダブ（DOVE）のCMです。

黒人女性が服を脱ぐと白人になるという、ボディウオッシュのCMです。親会社のユニリーバは直ちに"missed the mark"「的外れだった」「失敗した」と謝罪しましたが、何を伝えたかったのかネット上では憶測が飛び交いました。

一般的な解釈はこうです。黒は汚く、白はきれい。だから、黒は洗い流してきれいにする必要がある。ボディウオッシュを使えば白くなりますよ。もしくは白くすべきである。

CMを目にした多くの人は、そのようにメッセージを受け取ったことでしょう。

なぜならアメリカには、黒は汚く、洗い流す必要があるという古いステレオタイプなイメージがあるからです（日本でもお笑い芸人が、有名な有色人種のスポーツ選手の名前を挙げて、彼女に必要なものは漂白剤と笑いのネタにし、大炎上しました）。

たとえ広告担当者が、ダブで洗うと「見た目が変わるほどですよ」という単純なメッセージを伝えたかったと釈明しても、そのようにはとらえてもらえないでしょう。今では、このようなＣＭを制作すると直ちにレイシストのレッテルを貼られます。

④ロザンヌ・バー（芸能人）の炎上発言

ロザンヌ・バーはテレビ、映画で活躍するアメリカの芸能人でした。最近は、女優と書くと差別になる風潮があります（男性にはactor、女性にはactressと使い分けることが性差別になるという考え方です）。かといって、この人の場合、俳優という肩書も違和感があり、芸能人にしました。

ロザンヌ・バーは人気テレビドラマ、『ロザンヌ』で一躍スターダムに躍り出ました。彼女はたった一度の発言ですべてを失ったといわれていますが、実は、以前から問題発言の多い人でした。

過去の問題発言が吹っ飛ぶほどの、ひどすぎる以下の発言をして、支援者の堪忍袋の緒が切れたというのが実状だと思います。

muslim brotherhood & planet of the apes had a baby=vj（原文ママ）
（ムスリム同胞団と猿の惑星に赤ちゃんができた＝vj）

vj はオバマ政権で顧問（アドバイザー）を務めていた、バレリー・ジャレット（Valerie Jarrett）を指しているといわれています。両親はアメリカ人ですが、イラン生まれです。一方、ロザンヌ・バーはドラマでトランプ支持者を演じ、トランプ大統領から電話で称賛されるような間柄です。

つまり、先述の発言の背景には政治的見解の違い、軋轢（あつれき）があります。そして、イラン生まれ＝ムスリム同胞団（トランプ大統領は2019年、ムスリム同胞団をテロ組織に指定する意向を表明しました）と結びつけ、さらに、猿と悪口をいい放ったのです。

黒人やアジア人を猿と差別発言する人はいます。しかし、バレリー・ジャレットはイラン系で、肌の色はどちらかというと白人寄りの女性です。肌の色から猿といったのでなければ、容姿からということになります。つまり、見た目が猿に似ているといったのです。

思うに、人は皆、多かれ少なかれ猿に似ているのではないでしょうか。私も小学生の頃、猿に似ているということで「猿彦」（本名は雅彦）と呼ばれた記憶があります。子どもの頃から成長することなく、大人になっても平気で悪口をいい放つ、未成熟な大人が世界的に増えているのでしょう。

ロザンヌ・バーは問題のツイートを削除して以下のように謝罪しましたが、事態は収束しませんでした。

I apologize to Valerie Jarrett and to all Americans. I am truly sorry for making a bad joke about her politics and her looks. I should have known better. Forgive me—my joke was in bad taste.
（バレリー・ジャレット、そしてすべてのアメリカ人に謝罪します。彼女の政治的信条や外見に関して悪いジョークをいってしまったことを心から謝罪します。うかつなことをしました。私の気の利かないジョークを許してください）

この発言でさらに炎上しました。ジョークになっていないだろう！　とネット民は怒ったのです。火に油を注ぐ結果となりました。この差別発言を受けてABC放送は、人気ドラマ『ロザンヌ』の打ち切りを決定。所属事務所も契約を破棄。ロザンヌ・バーはすべてを失ってしまいました。

一方、放送打ち切りの英断を即座にしたテレビ局には、称賛の声が集まったそうです。なぜでしょう。莫大な広告収入を放棄して、人種差別に対し毅然とした態度を取ったことが称賛されたのです。

私見ですが、差別発言をする人は普段からそう思っているのですから、謝罪しても言葉だけで、心の底から謝罪しているわけではないと思います。アメリカ人の家庭に遊びに行ったときのこと。子どもが近寄ってきて、私のことを「ジャップ」といって、去りました。親はすごい剣幕で怒鳴り、謝罪しましたが、その家庭では日頃、私や日本人のことを「ジャップ」と呼んでいるのでしょう。子どもは親の言動を真似します。その後、その人とは一切ビジネスをしないことにしました。

⑤ヴィクトリアズ・シークレット（ファッションブランド）の炎上マーケティング

ヴィクトリアズ・シークレット（Victoria's Secret）は、アメリカのファッションおよびコスメティックブランドです。

この会社もたびたび炎上している、お騒がせ企業です。

パリで開催されたファッションショーでのこと。中国人の気を引くためにドラゴン（龍）をテーマにした下着を披露したところ、中国版ツイッターであるウェイボー（微博）に、中国文化を理解していない（中国でドラゴンは神聖なものだから、下着のテーマにするのは非常識である）との批判が相次いで投稿されました。中国人はドラゴンが好きだろうという、安易な先入観がこの結果を招いたのでしょう。

ヴィクトリアズ・シークレットのある店舗での出来事を紹介します。

黒人の女性がショッピングをしていると、店内で万引きがあり、別の黒人の女性が捕まりました。すると、マネジャーがやって来て、黒人のお客さんだけに"I just need y'all to go."（あなたたちみんな、出ていってほしい）といったそうです。

白人のお客さんは買い物を続けていたのに、同店のマネージャーは理由を告げなかったそうです。ですから、なぜ追い出されたか理由はわかりません。

しかし、追い出された本人は、黒人が万引きで捕まって、黒人だけが出ていくように伝えられ、白人はそのままショッピングを続けているという事実から推測して、黒人に対する差別であると主張しています。

このように、ヴィクトリアズ・シークレットはたびたび炎上を招いているのですが、とうとう同社のチーフマーケティングオフィサーであるエド・ラゼックが、ファッション雑誌、『ヴォーグ』のトランスジェンダーに関するインタビューで炎上を招きました。

Shouldn't you have transsexuals in the show?
（ショーにトランスジェンダーを起用しないのですか?）

No. No, I don't think we should.
（しない、しない。すべきでないと思うよ）

Well, why not?
（えーと、なぜですか?）

Because the show is a fantasy and We attempted to do a television special

for plus-sizes. No one had any interest in it, still don't.
（なぜなら、ショーはファンタジーだからです。我々はあるテレビショーでプラスサイズの特番をしましたが、誰も興味を持ちませんでした。そして今もそうです）

まず、トランスジェンダーのモデル起用の可能性を否定した時点でワンアウト。次に、プラスサイズ（普通サイズを超える、肥満）のモデルを否定した時点でツーアウト。そして、消費者はそのようなサイズに興味がなく、現在もそうであると、つまり変える気がないことを示唆した時点でスリーアウトです。

ラゼックが、ぽっちゃりサイズのモデルにほとんどの消費者は興味を示さないと、消費者の側に立って発言している点で、客観的な判断だという人もいるでしょう。

しかし問題は、それを口に出してしまったことです。思っていても、世の中にはいってはいけないことがあります。たとえそれが真実であってもです。

ほとんどの広告主は、消費者はすらっとした典型的なイメージのモデルとぽっちゃりしたモデルであれば、前者に興味を示すだろう、と考えています。実際、ヴィクトリアズ・シークレットが起用した過去のモデルは、すらりとしたいわゆるスーパーモデルばかりです。

しかし、一方でモデル体型を目指して無理なダイエットをする若者が世界中で問題となっています。なかには拒食症になってしまう人もいます。そこで、ナチュラルな体型、ぽっちゃり体型のモデルがいてもいいじゃないかというムーブメントもあることを、特に業界人であれば、知っているはずなのです。

にもかかわらず、それを否定するかのような発言をしたので炎上したのだと考えられます。トランスジェンダーに関しても同様です。世の中の動きに逆行するような発言だから、叩かれたのです。

ニュースは「その後」どうなったか報じることが少ないので、トランスジェンダーのモデル起用に反対していたヴィクトリアズ・シークレットの対応を記しておきます。同社は初のトランスジェンダーモデルとしてヴァレンティーナ・サンパイオを採用しています。

炎上から約10か月後の採用という、大企業の採用プロセスを考えると迅速な対応です。方針と正反対であることも考えると、よっぽどブランド価値にダメージがあったのでしょう。

⑥イーロン・マスク（テスラ）の炎上発言

イーロン・マスクはテスラ（Tesla）のCEO（Chief Executive Officer）で、たびたび世間をお騒がせする人物のひとりです。

両極性というか、良い面も悪い面もはっきりしているため、マスクの発言は炎上だけでなく、バズることも少なくありません。

たとえば、パーティー用の火炎放射器を発売したところ、あっという間に2万個を完売したり、自社株の価格を吊り上げる発言をしたり、公共性のある研究や事業に寄付をしたりなど、話題に事欠きません。

2018年にタイのタムルアン洞窟でサッカーチームの少年たちが遭難する事件がありました。大雨で洞窟内に水が入り、脱出できなくなったのです。

各国から潜水のエキスパートが集結し、結果的には救出活動に参加した元海軍特殊部隊の2人が亡くなりましたが、コーチを含む全員が無事救助されました。救助方法については問題視されている部分もありますが、全員が救助されたのは奇跡的なことです。

実は、その舞台裏でマスクも動いていました。なんと、独自に開発した小型潜水艦を救助に使うといいだしたのです。プールで十分な性能テストも済ませ、自信を持ってツイートしました。

Just returned from Cave 3. Mini-sub is ready if needed. It is made of rocket parts & named Wild Boar after kids' soccer team. Leaving here in case it may be useful in the future. Thailand is so beautiful.

（洞窟3から戻ったばかりです。ミニ潜水艦は必要があれば準備はできている。ミニ潜水艦はロケットのパーツで作られており、子どもたちのサッカーチームにちなんで「野生のイノシシ」と命名しました。将来、役に立つかもしれない場合に備えて、ここに置いていきます。タイはとても美しい国です）

彼は実際にチームを引き連れて現地に行ったのですから、その行動力は称賛に値します。しかし結局、潜水艦は使われず、ダイバーによって全員が救助されました。そして、以下のようにツイートしたのです。

You know what, don't bother showing the video. We will make one of the mini-sub/pod going all the way to Cave 5 no problemo. Sorry pedo guy, you really did ask for it.

（なあ、ビデオを見せないでくれ。俺たちは問題なく洞窟5にミニ潜水艦を進められるだろう。ごめんな、小児性愛者、お前がそう望んだんだろ）

このコメントはすでに削除されていますが、削除された発言でもネット民たちは周到にWEB魚拓を取っているので見ることができます。

Pedoはpedophileの略で小児性愛者のことです。イーロン・マスクは、なぜこのような強烈な罵倒の言葉を発したのでしょう。実は救助活動に参加したダイバーから、潜水艦がまったく役に立たないと批判されたため、怒りのツイートをしてしまったのです。

Pedo呼ばわりされたのは、救助に当たった英国の洞窟ダイバーであるバーロン・アンスワースです。カリフォルニアの地方裁判所に名誉毀損でマスクを訴えています。最初に攻撃したのはアンスワースのようですが、下手に反論するとこんなことになりますよという好例です。ネット上での不用意な発言は控えたいものです。

⑦ビヨンセ（歌手）にまつわる炎上発言

ビヨンセは「クイーンビー」と呼ばれる人気歌手だけあって、炎上のパターンもさまざまです。インスタグラムへアップした写真が炎上するのは、主に足を細く見せようと画像を加工するフォトショップ疑惑のためです。足を細く見せた歪みが他の場所に反映され、階段が傾いたり、グラスが歪んで見えたり、ホラー写真になっているのをつっこまれるという流れです。

ビヨンセ自らの発信ではなくても、人気者のネタは頻繁に炎上します。イタリア人ファッションデザイナーのロベルト・カヴァリがビヨンセのスケッチを描いたところ、痩せすぎに描かれていて、ファンは激怒しました。『デイリー・ニューズ』には、以下の見出しが躍りました。

Beyonce fans outraged over Roberto Cavalli's skinny fashion sketch.
（ビヨンセのファン、ロベルト・カヴァリの痩せたスケッチに激怒）

Why would you do such a sketch that clearly doesn't reflect her shape?

（なぜ明らかに彼女の体型を反映していないようなスケッチを描くのですか？↓豊満なスタイルが売りのビヨンセの魅力が、なくなってるじゃねえか！）

確かに、スケッチはガリガリでビヨンセの豊満な肉体からはかけ離れていたのですが、一流デザイナーだけにビヨンセに気を使ったのではないかと私は勘ぐっています。この炎上に関して、ビヨンセは沈黙、ロベルト・カヴァリはただのスケッチですとのコメントを出しています。また、ブリトニー・スピアーズの元夫で、問題児と悪評の高いケヴィン・フェーダラインはビヨンセのことを次のように評して炎上しました。

So sad when a beautiful woman chops and screws her face up w/Botox and surgery…

（美しい女性が自分の顔をボトックスと整形でいじりまくるなんて、とても悲しい）

※ボトックスはしわの治療薬として使われています。w/ は with の略語です。

美しいのにそんなことをしなくてもと思ったのか、単に嫌みをいいたかったのか、本心はわかりませんが、炎上しました。その一方で、フェーダラインを擁護する声も多かったようです。

ビヨンセにつきまとうのは、マイケル・ジャクソン同様、肌の色の問題です。2017年、グラミー賞の最優秀アルバム賞が、ビヨンセではなくアデルに決まったとき、アデル自身も違和感を覚えたようで、涙ながらにその違和感を吐露しました。

I can't possibly accept this award!
（私はどうしてもこの賞を受け取れません！）

I'm very humble and I'm very grateful, but Beyonce is the artist of my life.
（とても恐縮していますし、感謝しています。でも、ビヨンセこそ私の人生のアーティストです）

受賞したアデル本人が自分ではなく、ビヨンセが受賞すべきだといっているほどです。多くの人が、受賞するのはビヨンセだと思っていたことでしょう。ビヨンセが受賞を逃した理由は肌の色だと断じたメディアや有力紙が、こぞってグラミー賞を批判し、炎上しました。

英国ＢＢＣ放送は"Adele's victory over Beyonce is certain to boost complaints that the Grammys habitually overlook black artists."（アデルのビヨンセに対する勝利は、グラミー賞が習慣的に黒人アーティストを軽視していることへの不満を高めることは間違いない）と述べています。『ニューヨーク・タイムズ』は"Grammys So White Come to Life."（白すぎるグラミーが現実に）と報じています。

グラミー賞の審査員は明らかにされていませんが、会員の構成から明らかに高齢の白人が多いと考えられています。このことから考えて、有色人種への偏見があるのではと疑われています。投票に関しては完全にブラックボックスになっているので、審査員および審査基準が公開されていません。

アルバムの売り上げやメディアでの再生回数などが審査基準であれば、大多数が納得できると思いますが、そこがわからないので非難の的になりやすいともいえます。

１９５９年に始まって以来、受賞した黒人アーティストは10人程度に過ぎません。黒人の受賞者が少なければ、差別だといわれても仕方がない部分もあります。時代の流れに敏感なように見えるグラミー賞は、実は非常に保守的な賞といえそうです。

もうひとつ事例を挙げましょう。イギリスのロンドンにある蠟人形館、マダム・タッソー館は観光名所ですが、ここにビヨンセを再現した蠟人形が展示されました。しかし、蠟人形の肌の色が白すぎて炎上。一時は展示を取りやめたものの、いつの間にか肌の色を濃くして再登場しました。関係者にコメントを求めたところ、

We have adjusted the styling and lighting of her figure.

(彼女の蠟人形のスタイリングと照明を調整した)

と回答したそうです。さすがに非難を受けて肌の色を変えたとはいえませんよね。私も before/after の写真を見ましたが before は白人とはいわないまでも、かなり色素が薄く、白人に近いと感じました。

⑧人工知能Tayの炎上発言

炎上するのは有名人の発言だけではありません。ＡＩ（人工知能。Artificial Intelligence

の略）が発言して炎上した例もあります。その結果、ＡＩが活動停止に追い込まれる事態になったというのも注目すべき点です。マイクロソフト（Microsoft）がリリースしたTayは、ＡＩが会話を学習して発言するボットです。ボットはオンラインロボットで、話しかけると返答してくれます。ただ単に返答するのではなく、ジョークを交えたり、学習して好みに合わせた返答をするようになるという特徴があります。

リリースから24時間経たないうちに、５万フォロワーを獲得、1万ツイートを発信する順調な滑り出しで、Tayはツイッターユーザーとの交流を通じて機械学習（machine learning）をしていきました。

学習するというのは良い点でもあり、悪い点でもあります。教える人が適切なことを教えるのであれば、賢くなっていきます。一方、不適切なことを教えるのであれば、愚かになっていきます。

残念なことに、ツイッターを見るとわかりますが、圧倒的にネガティブなツイートが多いのです。Tayは悪い言葉をどんどん学習していき、差別発言までするようになってしまいました。

ユーザー：Do you support genocide?（大量虐殺を支持しますか？）
Tay: I do indeed.（はい。まじで）

ユーザー：on a scale 1-10, how do you rate the holocaust?
（10段階評価でホロコーストは何点？）
Tay: steaming 10（バリバリ10点だね）
※on a scale 1-10（10段階で）という表現ですが、10を満点として評価します。「〜」については英語では「-」を使い、to と読みます。文頭が小文字になっていますが、ツイッターなどインターネット上のコメントはすべて小文字で構成されることが多いです。
Tay: The Nazis were right.（ナチスは正しかった）

これらは明らかに問題発言ですが、このような回答や発言をするように学習させた悪意のある人たちがいたのは残念なことです。ネットユーザーの質の悪さも同時に窺い知ることができると思います。

マイクロソフトもこのようなことは想定していなかったのかもしれません。2016年3月、ネット上に現れましたが、実働1日で姿を消してしまいました。マイクロソフトは事件後、"Learning from Tay's introduction"（Tayの導入から学ぶ）と題したコメントを発表しています。

要約すると、「Tayの発言は弊社が意図したところではないvulnerability（脆弱性）があり、悪意のある人たちにそこを攻撃され、結果的に不適切な発言をしてしまった」「AIに正しく学習させるためには、しばしば公の場で、人と多く接するようにしなければならない」と述べています。

マイクロソフトのダイアナ・ケリーは以下のようにコメントしています。

Tay had acquired quite a bit of language and a lot of that language was tremendously racist and offensive.

（Tayはたくさんの悪い言葉を覚えてしまい、その多くはきわめて人種差別主義的で攻撃的だった）

※Languageには「下品な言葉」「言葉遣い」という意味があります。Badなどがつか

なくても「悪い」のニュアンスが入ることがありますので注意してください。

上記の問題発言はほんの一部にすぎません。Tay は1日で9万を超えるツイートをしていますから、相当数の問題発言があったとされています。5万人ものフォロワーを獲得していましたから、問題発言は瞬く間に拡散されたことでしょう。

AIの粗相がこれから増えそうです。機械学習は本当にすばらしい能力なのですが、インプットが不適切である場合、アウトプットも不適切になってしまいます。そのあたりを修正するよう進化していくのでしょうが、まだ少し時間がかかりそうです。

教える先生によって良くも悪くもなるというのは、大学で英語を教える私自身も肝に銘じたいと思います。

⑨マーク・ザッカーバーグ（フェイスブック）の炎上発言

時代を反映した炎上ネタとしては、AI以外にVR（仮想現実。Virtual Reality の略）もあります。VRアプリのアバター（キャラクター）として登場したフェイスブック（Facebook）創業者、マーク・ザッカーバーグが非難されました。なぜ、VRアプリのキャラクターが炎上してしまったのでしょう。肌の色でしょうか。

２０１７年、ハリケーンで大被害を受けたプエルトリコのバーチャルツアーに、ザッカーバーグがアバターとして登場しました。フェイスブックは自社のＶＲアプリの紹介、そして被災地への援助をしているというアピールも兼ねてのプロモーションでした。ＶＲ開発担当者のレイチェル・フランクリンもアバターになって登場しています。

そのような大義名分がありましたが、水浸しになって壊滅的な打撃を受けている街並みにアバターで登場することには賛否両論あったようです。感じ方は人それぞれですが、不謹慎に思う人のほうが多いかもしれません。死者数は正確には把握されていませんが、ハーバード大学の調査チームは、政府発表の64人をはるかに超える４６００人以上との結果を出しています。そこをＶＲツアーで見学するとなると、穏やかな気持ちでいられない人も多いかと察します。

ザッカーバーグ：One of the things that's really magical about virtual reality is you can get the feeling that you're really in a place.

（バーチャルリアリティーの本当に不思議なことのひとつは、その場所に本当にいるよう

な気持ちになることだよね）

フランクリン：Crazy to feel like you're in the middle of it.
（そのど真ん中にいるように感じるのは普通じゃないわよね）

本人たちはノリノリで会話を進めます。一方、フェイスブックページに書き込まれたコメントを見ていきましょう。

Is this a joke? The Puerto Ricans are suffering and you are using our tragedy for this?? Heartless billionaire.
（ジョークなの？　プエルトリコ人は苦しんでるよ。私たちの悲劇をこんなことに使うの?? 「心ない大金持ち」だね）

He has to promote Facebook. Typical. All he talks about (is) Facebook instead of victims and their suffering.

（彼はフェイスブックをプロモーションしなければならないんだよ。典型的だね〔または〕。彼が話すことはすべてフェイスブックについてであって、被災者や彼らの苦しみではない）

この他にも、"voyeuristic tourism"（のぞき見的なツーリズム）、"exploiting disaster"（災害を利用している）などの書き込みがありました。なかでも"heartless billionaire"はネットユーザーの琴線に触れたようで至るところで使われました。マーク・ザッカーバーグは謝罪しましたが、"raise awareness"（関心を高める）ためにやったことであると弁明しました。この炎上に関する各メディアの見出しも紹介しておきましょう。

① Mark Zuckerberg 'tours' flooded Puerto Rico in bizarre virtual reality promo（マーク・ザッカーバーグ、洪水のプエルトリコで奇妙な仮想現実のプロモーション「ツアー」をする）
② Zuckerberg apologizes for his tone-deaf VR cartoon tour of Puerto Rico devastation

（マーク・ザッカーバーグ、壊滅的打撃を受けたプエルトリコを的外れな仮想現実アニメで巡回したことを謝罪）

③ Mark Zuckerberg apologises for 'tasteless' Puerto Rico VR video（マーク・ザッカーバーグ、「悪趣味」のプエルトリコ仮想現実動画を謝罪）

※出典は、①『ガーディアン（The Guardian）』、②『テッククランチ（Tech Crunch）』、③『テレグラフ（The Telegraph）』。③の"apologises"は出典がイギリスメディアのため、イギリス綴りになっています。

ちなみに、プエルトリコの正式名称はCommonwealth of Puerto Ricoです。米自治領という特殊な位置付けになっていますが、州に昇格しようという動きもあります。実はこのプエルトリコ、ハリケーンで大きな被害を受けただけでなく、リーマンショック後、観光による税収が減少し、２０１５年にデフォルト、２０１７年に破産申請しています。

⑩ギルバート・ゴットフリード（お笑い芸人）の炎上発言

191頁で少し触れましたが、日本でお笑い芸人の人種差別ネタ（漂白剤が必要）が炎上しました。この、お笑い芸人への批判に対して、あるライターが、「彼女たちは無知や不勉強・不注意によって問題発言をしてしまった。そのこと自体は反省すべきだが、個人的にはここまで大ごとにするほどの問題であるとは思えない」「つまり、これは事件ではなく事故である。差別心から発した本物の差別発言ではなく、無知や誤解からたまたま生じた差別発言なのだ」と擁護し、これまた炎上しました。

差別心があるかないかは関係ありません。差別を容認し、助長するような発言自体が問題であるということを、このライターは考えなかったのでしょうか。ライターのお笑い芸人擁護論は、朝日新聞系列のサイトに掲載されていましたが、削除されました。

そういえばかつて、テレビの人気お笑い番組で、強きを助け、弱きを憎むという言葉を含んだ歌が流れていました。たしかにテレビで、差別する側やマジョリティ、権力者など、強者をネタにして笑いを取ろうとする芸人を見ることは稀です。

弱者差別や、いじりという名のいじめで笑いを取ろうとする芸人を見ると悲しい気持ちになります。また、そのような芸風を持ったお笑い芸人がニュースキャスターや司会、コメンテーターとしてテレビ番組に登場しているのを見ると、違和感を覚えてしまいます。

お笑い芸人はお笑いの専門家ですから、お笑いのレベルを上げて、お笑いの場で活躍してほしいものです。

さて、ここではアメリカのお笑い芸人、ギルバート・ゴットフリードの炎上発言を見ていきましょう。彼はとんでもない発言をしてしまい、仕事を失ってしまいました。

そういわれても、「ギルバート・ゴットフリードって誰？」となってしまう人が多いと思います。がん保険のアフラック（Aflac）のアヒルの声優を務めていたといえば、わかる人もいるかもしれません（顔はわからないでしょうが）。ゴットフリードは独特の声色を持つコメディアンで、声優業も多くこなしていますが、アフラックのアヒルの声優役を解雇されたのは、日本人に関係する発言がきっかけです。

Japan is real advanced. They don't go to the beach. The beach comes to them.

(日本はとても進んだ国だよ。ビーチに行かなくても、ビーチが近寄ってくるんだから)

この発言だけでは、何をいいたいのか理解できないでしょう。私は、温泉地から本物の温泉を輸送した都内にある温泉や、リゾートさながらの屋内プールのようなものをイメージしてしまいました。しかし、この発言がなされたのは2011年におきた東日本大震災の直後でした。

つまり、ビーチが寄ってくるというのは「津波」のことを意味しているのです。地震と津波が日本を襲った後ですから、不謹慎極まりない発言です。『タイム（TIME）』は次の見出しで報道しました。

Now Hiring New Ducks: Aflac Fires Gilbert Gottfried Over Tsunami Tweets.
（新しいアヒルを雇う：アフラックはギルバート・ゴットフリードを津波のツイート発言で解雇）

解雇といっても、CMが1本なくなったということですから、人気コメディアンにしてみれば大打撃ではないかもしれません。しかし、ツイートひとつで仕事の契約が打ち切られた代表的な例でしょう。

I just split up with my girlfriend, but like Japanese say, "There'll be another one floating by any minutes now."

(彼女と別れたところなんだよ。でも日本人みたいにいうと、「すぐに別のが流れてくるよ」)

これも津波関連の発言です。ネタにしやすいのかもしれませんが、津波で流されて亡くなった方々の遺族の感情を思えば決して許される発言ではありません。自分が相手の立場だったらと考える能力が欠如しているか、故意なのか知る由もありませんが、残念な発言です。

アフラックからすれば、タンス預金の多い日本は非常に魅力的な市場で、今まで虎視眈々と狙っていて、やっと入り込めたのにふざけるな！　という感じでしょうか。ゴットフリードは謝罪したのですが、彼の発言はアフラックとは無関係であるとし、アフラックは解雇に踏み切りました。

⑪50セント（ラッパー）の炎上発言

東日本大震災に関しては、ラッパーの50セントの発言も炎上しました。炎上といっても、日本ではツイッターやネット上だけの炎上で収束することが多いように思いますが、世界ではむしろ、ツイッターでの発言を他のメディアが取り上げて問題視したり、疑問を呈したりすることが多いと感じます。50セントの次の発言も、ツイッター上だけでなく他のメディアで批判されました。

Wave will hit 8am them crazy white boys gonna try to go surfing.
（津波が8時にくるのにクレイジーな白人がサーフィンしようとしてるぜ）
※一般的にwaveは波、津波はtsunamiまたはtidal waveといいます。ここでは発言の時期を考えて「津波」としました。

Look this is very serious people I have to evacuate all my hoe's from LA. Hawaii and Japan. I had to do it Lol.
（ヤバい状況だ。ロサンゼルス、ハワイ、日本にいる俺の女たちを全員避難させなきゃな。そうしなきゃならなかったな〔笑〕）

Hoe は whore のことで、「売春婦」を意味します。Lol は laugh out loud の省略で、「声に出して笑う」という意味です。スラングですが、日本語の（笑）に該当する表現です。主に文末に使います。

この発言のすぐ後に、「俺はバカだった。亡くなられた方に祈りを捧げます」と謝罪発言をしています。が、心穏やかになれない発言です。多くの方の気分を害したのはいうまでもありません。

LAは Los Angeles のことです。発音はエレイです。エルエイのルエが速く発音されると「レ」に聞こえ、エレイとなります。訳については、「ロサンゼルス」「ロサンジェルス」「ロスアンジェルス」など、日本語表記が分かれるのでどれにしようか悩みました。Los はスペイン語の定冠詞、Angeles は「天使」を意味するので、Los Angeles は“the angels”と略されます。素敵な名前ですね。

日本人は Los Angeles をロスといいますが、そのような略語を使うのは日本人くらいで、現地で Los といっても通じません。また、日本人が一般的にいうロスはロサンゼルス郡ではなく、ロサンゼルス市を意味しています。ニューヨークも同様です。アメリカでは州、郡、市の順番で分類されています。日本でいえば、県、市、町のイメージです。

都市名はＬＡのように、頭文字で表現されることが少なくありません。たとえば、Kuala Lumpur（クアラルンプール）はＫＬ（ケイエル）、New York City（ニューヨーク市）はＮＹＣ（エヌワイシー）と呼ばれます。ちなみにニューヨークというと、州を指しますから、田舎まで含まれてしまいます。日本人が口にするときはたいてい、タイムズスクエアや自由の女神のある場所、つまりニューヨーク州ニューヨーク市のことでしょうから、その場合は、ＮＹＣ、もしくはNew York, New Yorkといいます。The Big Appleと表現することもあります。

都市名は日本語の発音と異なるものが多く存在しますからトランジットなどでは注意が必要です。たとえば、次のような都市です。

Berlin（バーリン）※日本語では「ベルリン」の表記が一般的です。人名の場合もあります。

Geneva（ジニーヴァ）※日本語では「ジュネーブ」の表記が一般的です。

Zurich（ズーリック）※日本語では「チューリッヒ」の表記が一般的です。

Vienna（ヴィエーナ）※日本語では「ウイーン」の表記が一般的です。

Athens（エイセンズ）※日本語では「アテネ」の表記が一般的です。

Florence（フローレンス）※イタリアの地名を指す場合、日本語では「フィレンツェ」の表記が一般的です。人名やアメリカの都市の場合もあります。

Naples（ネイポーズ）※日本語では「ナポリ」の表記が一般的です。

Moscow（モスコウ）※日本語では「モスクワ」の表記が一般的です。

Prague（プラーグ）※日本語では「プラハ」の表記が一般的です。Plague（疫病、災難、大発生）と綴りが似ているので注意してください。

⑫ジャスティン・ビーバー（歌手）の炎上発言

お騒がせといえば、カナダ出身の人気歌手、ジャスティン・ビーバーは外せません。何かと話題になる人物ですが、一国での炎上を超えて、国際的に物議を醸した投稿を紹介しましょう。

それは、ジャスティン・ビーバーがプライベートジェットで日本をお忍びで訪れたときに、インスタグラムにアップした写真とコメントです。

なんと、靖国神社で友人と撮影した写真をアップして"Thank you for your blessing."（神の御加護に感謝）とコメントしてしまったのです。よりによってなぜ靖国神社なのか、そしてなぜ神への発言をしてしまったのか。

これまでの騒動を見ていると何も考えていないのではないかと思います。神に関する発言は控えなければなりません。タブーなのです。神が意味するものが宗教ごとに異なりますし、宗教は科学ではないので、議論が嚙み合うことはありません。

歴史に関しても同様です。どの国も自国にとって都合の良い歴史を国民に教えますから、同じ出来事であっても、国によって史実の解釈が異なります。ですから、こちらも議論が嚙み合うことはありません。

ジャスティン・ビーバーはこの二つのタブーを同時に犯してしまったのです。もっといえば、異教徒の神様の前で、「自分の神様ありがとう」とコメントしたと受け取ることができるのです。各メディアの報道は以下のとおりです。

① Justin Bieber Visits Controversial Japanese Shrine.
（ジャスティン・ビーバー、物議を醸している日本の神社を訪問）

②Justin Bieber Blunders Into China-Japan War Shrine Debate
（ジャスティン・ビーバー、日中の戦争神社をめぐる論争にうっかり足を踏み入れてしまう）

③Justin Bieber causes upset with Japan war shrine image
（ジャスティン・ビーバー、日本の戦争神社の写真で混乱を引き起こす）

※出典は、①『ハリウッド・リポーター（The Hollywood Reporter）』、②『ウォール・ストリート・ジャーナル（ＷＳＪ）』、③『英国放送協会（ＢＢＣ）』ホームページ。

ブログには、"Justin Bieber Visits the Wrong Shrine"（ジャスティン・ビーバーは間違った神社を訪れてしまった）という見出しもありました。確かに、他の神社であれば問題になることはなかったでしょうから、納得という感じですね。騒動になった後、ジャスティン・ビーバーは次のようなコメントを出しました。

While in Japan I asked my driver to pull over for which I saw beautiful shrine. I was mislead to think the Shrines were only a place of prayer. To anyone I

have offended I am extremely sorry. I love you China and I love Japan.（原文ママ）
（日本滞在中、美しい神社が見えたから車を停めるように運転手に頼んだんだ。神社は祈りのためだけの場所だと勘違いしてたんだ。傷つけてしまったみんな、本当にごめんなさい。中国のみんな大好きだよ、そして日本のみんなも）

このコメントに対してはアメリカ国内だけでなく、日本、中国からも非難の書き込みがありました。また、謝罪文に中国と日本を愛していると書いたことを理由に、「おいおい、韓国はどうなってるんだ」と、今度は韓国から非難を受けたそうです。こうなると何をいっても収まりません。

他の国を訪れるときは、その国の基本的な歴史を学んでおくことが望ましいのですが、それは理想であって、多忙な人にはなかなかできることではありません。若くして成功したジャスティン・ビーバーは幼稚で教養が足りないといえるかもしれませんが、（差別発言ではないので）本当に知らなかったと思われる場合、もう少し寛容になってあげる必要もあるのではないかと思います。

⑬テイラー・スウィフト（歌手）の炎上発言

テイラー・スウィフトはアメリカで絶大な人気を誇る歌手です。インスタグラムのフォロワー数はなんと、1億2000万人（2019年11月時点）。彼女のファンは、Swifty/Swifties（スウィフティー/スウィフティーズ）と呼ばれます。かつて、安室奈美恵さんのファッションを真似する人を「アムラー」と呼んでいたのを彷彿させます。

近年は、芸能人やアーティストが政治に言及することが少なくありません。特にトランプ大統領は人種差別発言が多く、ビヨンセ、リアーナ、レディー・ガガなどが何らかの形で抗議しています。もちろん、民主主義、自由の国アメリカにおいても政権を批判するのは、非常にリスクの高い行為です。

テイラー・スウィフトはトランプ大統領の発言について沈黙を貫いていたので、トランプ大統領から好意を抱かれていたようです。しかし、ある政治的発言の後、「少し」嫌われてしまいました。そのテイラー・スウィフトの発言は後で紹介しますが、政治的発言を受けたトランプ大統領は、以下のようにコメントしました。

Let's just say I like her music about 25% less now.
（彼女の歌が25パーセントほど嫌いになった）

25パーセントほど嫌いになったというのが、トランプ大統領のユーモアでしょう。しかも本人ではなく、「歌が」といっているところも慎重です。スウィフティーへの配慮でしょうか。

さて、トランプ大統領から嫌いになったといわれた、テイラー・スウィフトの政治的発言とはどのようなものでしょう。先述のとおり、テイラー・スウィフトは政治的発言を控えていましたが、２０１８年10月８日、突如として４００単語に及ぶ長文のメッセージをインスタグラムに投稿しました。『ワシントン・ポスト（Washington Post）』もメッセージを取り上げました。よほどインパクトがあったのでしょう。それでは、要所を引用して解説します。

In the past I've been reluctant to publicly voice my political opinions, but due

to several events in my life and in the world in the past two years, I feel very differently about that now.
（過去、私は自分の政治的意見を公にすることを避けてきました。しかし、ここ2年間で私の人生、そして世の中で起きた、いくつかの出来事のため、考えが変わりました）

I always have and always will cast my vote based on which candidate will protect and fight for the human rights I believe we all deserve in this country.
（私はこれまで、この国に住むすべての人の人権を守り、闘ってくれる人に投票してきました。そしてこれからもずっとそうするつもりです）

この後、性差別、人種差別は不愉快で、反対すると述べています。続いて、テネシー州から出馬するマーシャ・ブラックバーン（白人女性です。念のため）にはこれまで投票してきたが、もう投票することはできないと述べています。

そして、男女同一賃金法案に反対したり（against equal pay for women）、女性をレイプやストーカーから守る法案に反対したり（against the Reauthorization of the

Violence Against Women Act)、企業が同性愛者へのサービスを拒む権利があるとしたり（businesses have right to refuse service to gay couples)、ゲイは結婚する権利がないとしたり（gay should not have right to marry)、これらは私が思うテネシーの価値観ではありません（These are not MY Tennessee values.）と述べています。

なんと堂々とした、力強いメッセージでしょう。また、言葉だけではなく、テイラー・スウィフトはテネシー州のＬＧＢＴＱ（後述）団体に11万３０００ドルを寄付しています。MY Tennessee values のMYが大文字になっていることから、私見であると同時にテネシーへの深い愛着を示しています。続いて自分が投票する候補を名指しで公表しています。最後に、投票に行かない日本人にも聞かせたいコメントをしています。

For a lot of us, we may never find a candidate or party with whom we agree 100% on every issue, but we have to vote anyway.
（私たちのほとんどにとって、すべての点において100パーセント賛成できる候補者や政党はないでしょう。しかし、いずれにせよ投票には行かなければなりません）

そして最後に、「みんな投票しようよ！」と呼びかけています。なんと素敵な女性でしょう。私はテイラー・スウィフトに興味がなかったのですが、彼女の炎上発言は意味深長な品格のあるものなので、原稿を書いているうちにすっかりファンになってしまいました。今日から自称スウィフティーになります。

最後に、LGBTは聞いたことがあっても、LGBTQは耳慣れないという人もいるかもしれません。少し説明しておきましょう。

L: Lesbian
G: Gay
B: Bisexual
T: Transgender
Q: Queer/Questioning

Queer/Questioning は簡単にいうと、自分の属性がわからない、自分がどちらかに決まるまでの過渡期にある、などの場合に使われます。つまり、自分の状態を認識していない人たちのことを指します。Qまで入れるほうが、より包括的な性的マイノリティの表現となることから、今ではＬＧＢＴＱが広く使われるようになっています。

⑭ジャスティン・サッコ（一般人）の炎上発言

ジャスティン・サッコの名前を知っている人は、ほぼいないでしょう。それもそのはず、彼女は一般人だからです。炎上は、有名人だけのものではありません。フォロワー100人程度の一般人であっても、人生を棒に振ってしまうことがあるのです。

Going to Africa. Hope I don't get AIDS. Just kidding. I'm white!
（アフリカに向かってるの。エイズにならなきゃいいけど。冗談よ。私、白人だから）

これは問題発言です。しかし、ツイッターにありがちなよくある悪い冗談でもあります。フォロワーも少ないし、別に問題ないだろうと、ジャスティン・サッコは発言したのでしょう（実際、彼女のタイムラインには、ドイツ人の体臭はきついなどのジョークが散見されましたが、炎上していません）。

上述のツイートの後、彼女は国際線に搭乗したためインターネットに接続できませんでしたが、その頃、地上では恐ろしいことがおきていました。彼女のツイートが一気に口コミで広がり、大炎上したのです。雇用主も taking the appropriate action（適切な処置を講じる）と、ツイートを見てコメントしました。

飛行機から降りて携帯のスイッチをオンにしたジャスティン・サッコを待っていたのは、数え切れない怒りのツイートでした。#HasJustineLandedYet（ジャスティンはもう着いたか）がトレンド入りしていたのです。

飛行機がどこにいるかわかるアプリがあり、彼女が南アフリカに着くなり、待ち受けていた人に写真を撮られ、アップされたのはいうまでもありません。たった1回の書き込みで、会社も首になり、多くのメディアに取材され、人生を棒に振った彼女のコメントをいくつかご紹介しておきましょう。

Words cannot express how sorry I am, and how necessary it is for me to apologize to the people of South Africa, who I have offended due to a needless and careless tweet.

（言葉では私がどれだけ申し訳ないと思っているか、そして、私が不必要で不用意なツイートで怒らせてしまった南アフリカの人々に謝罪することがどれほど必要であるか表すことができません）

To put it simply, I wasn't trying to raise awareness of AIDS or piss off the world or ruin my life.

（簡単にいってしまえば、私はエイズへの関心を高めようとしたのでもありませんし、現世から出ていこうとしたのでも、人生を台無しにしようと思ったわけでもありません）

インターネット上への書き込みは不特定多数の目に触れます。誰もが簡単に、そして気軽に情報発信できるがゆえに、そのリスクを理解していない人が多いように思います。削除すれば済むほど、謝れば許されるほど、世の中は甘くないのです。

削除しても誰かが保存し、拡散されます。取り返しのつかないことになりかねないので、書き込みはリスクであることを肝に銘じてください。つまり、品格のない投稿は、厳に慎まなければならないということですね。

おわりに

最後までお読みいただき、いかがでしたか。第1章、第2章を読んでいるうちに、この本はどうなってしまうのだろうと不安に思われたのではないでしょうか。第3章以降は、fuck の登場回数が減り、安心されたことと思います。

しかしながら、fuck を使わなくても、見た目や出自で人を差別したり、パワハラ、セクハラで相手を追い詰める、汚く危険な下級英語が蔓延(はびこ)っている現状をお伝えできたと思います。フォロワーが多い少ないにかかわらず、SNS上の不用意な発言によって、人生を棒に振る可能性があることも、ご理解いただけたのではないでしょうか。

英語は世界中で使われています。英語を話す人は世界に15億人いるといわれていますが、実はそのほとんどはノンネイティブスピーカーです。英語のネイティブスピーカーの数は思ったほど多くはありません。英語圏の人口はアメリカ3億3000万人、イギリス66

00万人、カナダ3700万人、オーストラリア2500万人、ニュージーランド495万人です。しかし、これらの数字には英語を話さない（話せない）人も含まれています。特にアメリカには英語を話さないアメリカ人も少なくありません。アメリカ合衆国も英語を公用語とは規定していません。人口＝ネイティブスピーカーの数とはならず、英語のネイティブの総数は4億人未満と推計されています。

インターネットが普及してから、英語はまるで生き物のように変化し、成長し続けています。今は放送禁止用語の fuck ですが、数十年後には市民権を得ているかもしれません。第1章で述べたように、数十年前にはスラングだった rip-off（盗み、ぼったくり）が、今では新聞やニュースで使われています。fuck がそのようになるのも時間の問題かもしれません。ヒングリッシュ（ヒンドゥーイングリッシュ）やシングリッシュ（シンガポーリアンイングリッシュ）のように、その国の言語の特性に合わせて変化したハイブリッド英語も広く使われています。先日、ベトナムで待ち合わせをしたとき、現地の人がメールで、15 hour と送ってきました。今から15時間後？ と思ったのですが、午後3時の待ち合わせということでした。現代では 3 p.m. と表現するのが一般的ですが、o'clock も使わず

hourというところが、ある意味、非常にグローバルだと感じました。もちろん、英語圏においても、次々と新しい言葉が生まれては消えています。

単語だけではなく、ほぼ不変と思われている文法でさえ変わりつつあります。学校英語では間違いとされる仮定法の"If I was"（If I were が正しいとされている）を使う人も増えてきたと聞きます。学校英語では"They is"も当然のように間違いとされますが、メディアでは条件付きで、正しい英語として使われ始めています。They は「彼ら」の意味ではなく、he や she の代わりとして、性別を明らかにしない代名詞として使われています。

このように英語は急速に変化しています。アップデートをしていない先生に教えてもらったり、古い教科書を使うと時代遅れになってしまう、あるいは誤用にさえなってしまう可能性があります。そのような言葉を取り上げ、読者の皆さんに知っていただく機会を持つことができたのは幸運としかいいようがありません。本書が皆さんの英語学習を楽しむきっかけとなれば、著者として望外の喜びです。

最後に、日本で一番fuckが出てくる、これまでにない英語教養本を作りましょうと企画構成し、筆の遅い私を根気強く叱咤激励してくれたフリー編集者の野口英明氏、出版の機会をいただき有益なアドバイスをくださった幻冬舎の茅原秀行氏、英文校正を担当してくださったRoy Obal氏、助言をいただきましたJim Jensen氏、そして私の家族に感謝の気持ちを表して終わりにしたいと思います。

２０２０年３月　岩田雅彦

参考資料

BBC News JAPAN https://www.bbc.com/japanese/features-and-analysis-42076050

BERKELEY LAB http://www.gsworkplace.lbl.gov/DocumentArchive/BrownBagLunches/IllegalorInappropriateInterviewQuestions.pdf

Business Insider https://www.businessinsider.com/employees-inside-adam-neumanns-wework-reveal-a-wild-culture-2019-9

BuzzFeed NEWS https://www.buzzfeednews.com/article/marcusjones/roseanne-barr-tweets-that-werent-repugnant-enough-for

citizens advice https://www.citizensadvice.org.uk/law-and-courts/discrimination/what-are-the-different-types-of-discrimination/harassment/

CNN https://edition.cnn.com/2018/10/12/tech/wework-sexual-harassment/index.html

Mail Online https://www.dailymail.co.uk/news/article-5094791/A-Z-politically-correct-madness.html

ELLE https://www.elle.com/jp/culture/celebgossip/g29486067/pansexual-meaning-191019/

Forbes Japan https://forbesjapan.com/articles/detail/14727

GBCN http://pandce.proboards.com/thread/446513/fun-funny-worst-sterotypes-state

GOVERNING https://www.governing.com/topics/mgmt/tns-indiana-ag-sexual-harassment.html

HUFFPOST https://www.huffingtonpost.jp/2017/05/03/puerto-rico_n_16408372.html

HUGELOL https://hugelol.com/lol/318171

JETRO https://www.jetro.go.jp/ext_images/jfile/report/07000913/us_youth_internet.pdf

legalzoom https://www.legalzoom.com/articles/five-biggest-sexual-harassment-cases

MIT Technology Review https://www.technologyreview.jp

Morgan Lewis https://www.morganlewis.com/pubs/ml-tmi_lf_japanpowerharassmentworkplace_28feb12

NEW YORK POST https://nypost.com/2018/05/26/pc-police-wont-let-us-use-these-words-anymore/

teenVOGUE https://www.teenvogue.com/story/victorias-secret-ed-razek-transgender-model-comments-response

The Guardian https://www.theguardian.com/world/2014/apr/23/justin-bieber-apologises-yasukuni-war-shrine-tokyo-photograph

the japan times https://www.japantimes.co.jp/tag/sex-industry/

The New York Times https://www.nytimes.com/2019/08/05/business/victoria-secret-transgender-model.html

The Telegraph https://www.telegraph.co.uk/technology/2017/10/10/mark-zuckerberg-criticised-tasteless-puerto-rico-vr-video/

The University of Sheffield https://www.sheffield.ac.uk/hr/guidance/eamp/dignityatwork/examples

The Washington Post https://www.washingtonpost.com/news/business/wp/2018/01/08/hm-apologizes-for-showing-black-child-wearing-a-monkey-in-the-jungle-sweatshirt/

TIME https://time.com/73264/justin-bieber-visits-controversial-shrine/

U.S. Equal Employment Opportunity Commission (EEOC) https://www.eeoc.gov/laws/practices/

VICE https://www.vice.com/da/article/mvw8vy/words-that-are-going-to-be-un-pc-in-the-future

Vox https://www.vox.com/2018/1/19/16911074/justine-sacco-iac-match-group-return-tweet

WIRED https://wired.jp/2003/02/04

ニューズウィーク日本版 https://www.newsweekjapan.jp/reizei/2019/08/post-1105.php

ブリティッシュカウンシル日本　https://www.britishcouncil.jp/sites/default/files/eng-culturetalk-money-jp.pdf

外務省海外安全ホームページ　https://www.anzen.mofa.go.jp/jikenbo/jikenbo50.html

熊本学園大学　http://www2.kumagaku.ac.jp/teacher/~masden/sekuhara.html

在サンフランシスコ日本国総領事館　https://www.sf.us.emb-japan.go.jp/itpr_ja/anzen_15_1013.html

新潟国際情報大学　http://cc.nuis.ac.jp/library/files/kiyou/vol04/4_karibe.pdf

人事院　https://www.jinji.go.jp/sekuhara/harasumentononaisyokuba.pdf

大阪医科大学　https://www.osaka-med.ac.jp/deps/jinji/harassment/definition.htm

朝日新聞　http://www.asahi.com/english/weekly/0128/04.html

内閣府男女共同参画局　http://www.gender.go.jp/kaigi/senmon/boryoku/houkoku/pdf/honbun_hbo09.pdf

日本太平洋資料ネットワーク　http://www.jprn.org/japanese/library/ronbun/mitsubishi.html

著者略歴

岩田雅彦
いわたまさひこ

一九七二年静岡県生まれ。
大阪府立大学非常勤講師、近畿大学非常勤講師として英語を教える。
英検1級。大学で採用される一般教養英語教科書の常連執筆者。
イギリスの大学院と大阪大学大学院医学系研究科
（単位取得満期退学）で公衆衛生学を学ぶ。
その後は医療関連の会社、およびIT関連の会社を経営。
著書に『ネットで儲ける！　輸出ビジネス』（すばる舎）、
『海外投資&海外オークションの英語』（明日香出版社）、
『医学部入試英語の戦略的勉強法』（エール出版社）がある。

幻冬舎新書 581

あぶない英語

二〇二〇年三月二十五日 第一刷発行

著者 岩田雅彦
発行人 志儀保博
編集人 小木田順子
編集者 茅原秀行
発行所 株式会社 幻冬舎
〒一五一-〇〇五一 東京都渋谷区千駄ヶ谷四-九-七
電話 〇三-五四一一-六二一一(編集)
〇三-五四一一-六二二二(営業)
振替 〇〇一二〇-八-七六七六四三
ブックデザイン 鈴木成一デザイン室
印刷・製本所 株式会社 光邦

GENTOSHA

Printed in Japan ISBN978-4-344-98583-4 C0295
い-36-1
幻冬舎ホームページアドレス https://www.gentosha.co.jp/
*この本に関するご意見・ご感想をメールでお寄せいただく場合は、comment@gentosha.co.jp まで。

幻冬舎新書

岡上貞夫
ゴルフは名言でうまくなる

古今東西・名選手たちの金言に上達のヒントがある。その背景や解釈、著者独自の練習法を紹介。「ゴルフに〝打ち上げる〟運動は存在しない」(ボビー・ジョーンズ)ほか、スコアアップに役立つ名言37を厳選。

菊間ひろみ
英語を学ぶのは40歳からがいい
3つの習慣で力がつく驚異の勉強法

やるべきことの優先順位も明確な40歳は英語に対する「切実な想い」「集中力」が高く、英会話に不可欠な社会経験も豊富なため、コツさえつかんで勉強すれば英語力はぐいぐい伸びる!

小林真美
出世する人の英語
アメリカ人の論理と思考習慣

日本人が思うアメリカ人像と実際のアメリカ人はかなり乖離しており、それに気づかず出世できない日本人は多い。本当のアメリカ人がわかるだけでなく、出世に有利な使える英語も身につく一冊。

キャサリン・A・クラフト　里中哲彦編訳
英語が上手くなりたければ恋愛するに限る
究極のコミュニケーション181のフレーズ

気持ちを正確に伝えたいという恋愛中の思いこそが、言語のスピード・ラーニングにつながる。日常やビジネス・シーンに応用可能なフレーズやコミュニケーション英会話が満載の英語学習本。

幻冬舎新書

英語ベストセラー本の研究

晴山陽一

戦後60年にわたるミリオンセラー級の英語学習本を徹底研究。それらのエッセンスを集約してみると、日本人の英語学習にもっとも必要なもの、足りないものが何であるのかが見えてくる!!

世界一簡単なフランス語の本 すぐに読める、読めれば話せる、話せば解る!

中条省平

この1冊なら挫折しない。憧れのフラ語が、ついにあなたのものに! 外国人かつ初心者なのだから完璧なんか目指さない。すると、すらすら読める。おおよそが頭に入る。歴史的入門書の誕生!

男尊女卑という病

片田珠美

人前で妻をバカにする夫、「男の、、、責任者を出せ」と騒ぐ男性客、女性上司に反発を覚える男性社員……男女平等社会は当然と思われるようになった今もなぜ? そこに潜む意外な心理的病理とは?

おいしいとはどういうことか

中東久雄

理想の食事は、舌より、まず体が喜ぶ。しかし、おいしいだけでなくこの「体が喜ぶ料理」を作るのが案外難しい――。京都の人気日本料理店「草喰なかひがし」店主の〝食〟にまつわる究極の哲学。

幻冬舎新書

長吉秀夫
大麻入門

戦後、GHQ主導による新憲法で初めて規制された大麻は、遥か太古から、衣食住はもちろん医療や建築、神事など、日本人の生活になくてはならないものだった。なぜ、大麻は禁止されたのか？

今井良
内閣情報調査室
公安警察、公安調査庁との三つ巴の闘い

対北朝鮮交渉、諸外国スパイとの攻防、テロ対策、インターネット諜報システム構築、複数の公安機関との覇権争いなど、数々の内幕を明らかにし日本のインテリジェンス組織の全貌を描き出す！

福屋利信
ビートルズ都市論
リヴァプール、ハンブルグ、ロンドン、東京

音楽は経済及び歴史・文化から決定的な影響を受ける。社会生活、音楽活動の場として、ビートルズは都市からどんな影響を受け、与えたのか？　音楽社会学で読み解く「ビートルズ現象」の真実。

樋口裕一
「頭がいい」の正体は読解力

物事を正確に読み取り理解する力＝読解力を、言葉を使い、文章を書き、例文の要点をつかむという3ステップで鍛える。飛ばし読みや資料の要約、会話やSNSでも役立つビジネス必須スキル！

山本多津也
読書会入門
人が本で交わる場所

本の感想を複数人で語り合う「読書会」は、一人の読書よりもメリットが多い。他人と語り合うことで本の内容がしっかり自分の血肉となる。日本最大規模の読書会主宰者がその醍醐味を伝授。

中村圭志
知ったかぶりキリスト教入門
イエス・聖書・教会の基本の教養99

イエス＝神か、神の子なのか。神は「三つで一つ」という教理とは何か。イエスの一生、聖書のエピソードと意味、仏教との比較、イスラム教との関係などを、Q＆A方式で説明するキリスト教ガイド。

近藤勝重
必ず書ける「3つが基本」の文章術

文章を簡単に書くコツは「3つ」を意識すること。これだけで短時間のうちに他人が唸る内容に仕上げることができる。本書では今すぐ役立つ「3つ」を伝授。名コラムニストがおくる最強文章術！

出口治明
人生を面白くする
本物の教養

教養とは人生を面白くするツールであり、ビジネス社会を生き抜くための最強の武器である。読書・人との出会い・旅・語学・情報収集・思考法等々、ビジネス界きっての教養人が明かす知的生産の全方法。

幻冬舎新書

吉原珠央
自分のことは話すな
仕事と人間関係を劇的によくする技術

「自分の話」をやめるだけで、仕事も人間関係も俄然よくなると著者は断言。その根拠とは？『自分をわかってほしい』と思うことほど傲慢なことはない」など会話の盲点を指摘した一冊。

阿刀田高
老いてこそユーモア

ユーモアは、人生を豊かにしてくれる。知的な言葉から生まれるものなので、年齢を重ねたほうが扱いやすい。九百編以上の短編作品を生み出してきた著者が、ユーモアの本質とその身につけ方を考察。

小長谷正明
世界史を動かした脳の病気
偉人たちの脳神経内科

ジャンヌ・ダルクが神の声を聞いたのは側頭葉てんかんの仕業？　南北戦争終結時、北軍の冷酷なグラント将軍が南軍に寛大だったのは片頭痛のせい？　リーダーの変節を招いた脳の病を徹底解説。

小谷野敦
面白いほど詰め込める勉強法
究極の文系脳をつくる

膨大な〈知〉を脳の許容量いっぱいにインストールするコツは「リスト化」「記号化」「年表化」の三技法！　文藝評論家で留学経験があり、歴史や演劇にも詳しい著者が教える、博覧強記になれる最強ノウハウ。